KB163680

한국독립영화

차례

Contents

.

작은영화와 독립영화

다시 쓰는 한국독립영화론

한국독립영화의 역사나 개념정립이 체계적으로 정리되지 않은 상황에서 한국독립영화의 미학과 그 정체성을 저술한다는 것은 상당한 책임감이 요구된다. 그러나 한국독립영화의 역사나 개념정립을 논의하는 세미나나 글들을 통해서 필자가 알게 된 문제점은 크게 두 가지가 있다. 하나는 '단편영화'를 '독립영화'라고 부르는 우리의 특수성이요, 그 둘은 한국독립영화의 뿌리를 1980년대의 '민중영화'에 두고 있다는 사실이다. 이 점은 독립영화의 개념규정에 있어서 세계영화사의 보편적인 논의를 크게 벗어나고 있는 것이다. 이러한 이유로 필

자는 한국독립영화의 역사와 개념을 다시 정리하여야 할 당위
성에 대해 확신을 갖는다.

먼저 그 당위성을 서술함에 앞서 독립영화의 용어사용에
대해 분명히 짚고 넘어가야 할 점이 있다. 한국 단편영화의 새
로운 대체어로서 독립영화의 사용은 크게 잘못된 일이다. 세
계영화사적으로 정의된 진정한 의미의 독립영화는 비제도권
의 장편영화이다. 이러한 세계영화계의 흐름에 동참하기 위해
서라도 오늘날 한국의 독립영화라는 명칭을 '작은영화'로 다
시 복귀시켜야 할 것이다.

이제부터 작은영화는 비제도권 영화라는 개념의 단편영화
뿐만 아니라 장편영화까지 포함될 수 있는 대체어로서 부활되
어야 한다. 즉, 작은영화는 아마추어영화라는 개념보다 비상
업영화로서 그리고 제작시스템이 작은 저예산영화로서 새로
운 개념규정이 요구되는 것이다. 작은영화의 부활을 전제로
현 한국독립영화 용어에 대한 문제점을 지적하고자 한다.

　　1. 단편영화와 독립영화는 당연히 구분되어 사용해야 할
　　영화용어이다. 한국독립영화가 일반적으로 의미하는 바는
　　단편영화를 가리키는 것이다. 따라서 1960년대 미국의 독립
　　영화(Independent Film)로부터 시작된 반헐리우드영화나 우
　　리의 장편독립영화와는 구분되어야 한다.
　　2. 세계영화사의 보편적인 개념을 가진 단편영화를 논할
　　때, 1980년대의 '민중영화'를 중심으로 한국단편영화를 논

의하는 것은 한국독립영화사를 왜곡하는 것이다.

　3. 한국독립영화의 본격적인 활동시기는 1953년에 설립된 서라벌예술학교의 연극영화과에서 만들기 시작한 실습작품의 발표회로부터 본격적으로 논의되어야 한다.

　4. 한국독립영화의 뿌리를 민중영화로 기술한 것은 한국독립영화사를 편향화하는 것이며, 민중영화는 한국독립영화의 한 장르이자 줄기로서 이해되어야 한다.

　5. 한국독립영화사가 올바로 기술되어야만 비로소 한국독립영화의 개념과 미학 그리고 그 정체성을 제대로 논의할 수 있다.

　이상 '한국독립영화론은 다시 씌어져야 한다'는 당위성은 필자가 앞으로 전개할 한국독립영화 서술의 출발점이다.

순수 영화에서 민중영화 그리고 캠코더의 세상까지

　이제 한국독립영화는 우리의 삶 속에 깊숙이 들어와 자리잡고 있음이 확인된다. 영화를 '제7예술'로 규정한 리치오또 카뉴도는 영화의 존재론적 의미를 '인간의 삶'으로 정의하였다. 원시시대의 인간들은 동굴을 벗어나 농경생활을 시작하면서 집을 지었고 집을 지으면서 노동요를 불렀다. 여기서 집짓기는 건축이고 노동요는 음악으로서, 카뉴도는 공간예술인 건축과 시간예술인 음악을 두 축으로 삼아 인간의 삶의 현장을 통해 공간예술과 시간예술이 만나는 총체예술로서 영화예술을 논의하였다. 그가 말하는 총체예술은 건축하면서 조각과 그림(회화)으로 장식하고 노래하면서 가사(문학)를 읊고 춤(무용)을 추는 축제로서 총체적 연희(연극)를 수행하는 공동체의 삶이었다. 시대가 변하면서 공동체의 삶이 요구하는 공동체적 의식은 개인의 삶이 우선시되는 개인의식에 밀려났고, 총체적 연희는 과학과 만나면서 새로운 총체예술로서 영화가 탄생되었다. 이후 필름예술로서만 존재하던 영화가 비디오 시대를 지나 새로운 세기의 디지털 세상에 이르러서는 누구나 쉽게 캠코더로 인간의 삶을 영상으로 이야기할 수 있게 되었다. 이처럼 영화는 언제부턴가 우리의 곁에 자연스럽게 자리 잡은 것이다.

한때는 보다 더 나은 삶을 쟁취하고자 하는 목적을 갖고 영화예술의 본연의 자세에서 빗나가는 저항영화를 만들던 시대도 있었다. 그 시대에는 정치적 투쟁을 지향하는 영화로서 '혁명영화', '게릴라영화', '전투영화' 등 선동적인 저항영화들이 파급을 일으켰다. 1970년대 제3세계의 민중들이 그 주역으로서 반독재, 반제국주의 투쟁을 위해 민중영화를 태동시켰다. 이후 세계 곳곳의 저개발 국가는 의식혁명의 수단으로서 영화를 수용하였다. 사실 영화가 정치에 개입하기 시작한 것은 1968년 프랑스의 5월 혁명 때부터였다. 노동자 파업에 참여한 영화인들이 투쟁의 과정을 기록영화로 찍어 그들의 주장을 세상에 알렸고 그 여파는 1970년대 제3세계의 혁명영화로서 거듭나게 된다.

1980년대 한국의 민중영화는 1970년대 제3세계영화의 반독재, 반제국주의 투쟁영화의 모든 방식을 수용하고 있었다. 한편으로는 1950년대 서라벌예술학교의 연극영화과가 이 땅에 설립된 이후, 꾸준히 상업영화에 대항하여 순수 영화를 추구하였던 대학영화(연극영화과)와 그 주변에서 어깨너머로 활동하였던 영화동아리도 공존하고 있었다. 그러나 1980년대의 민중영화에 함몰된 대학영화는 순수한 영화 만들기에서 벗어나고 있었다. 필자의 소신을 피력한다면, 민중영화는 순수 영화 정신을 이미 떠나버린 또 다른 의미의 '새마을 영화'요 이데올로기를 추구하는 정치영화였다. 민족과 민중을 위해 부당한 권력과 외세에 대항하기 위한 무기로서의 영화 만들기를 모든 것이라고 믿었던 민중영화인은 신념에 차 있었다. 그러나 이데올로기의 동서냉전시대가 끝난 1990년대를 지나면서 민중영화 만들기의 확신은 모래 위에 쌓아온 성처럼 허무하게 무너져내렸고, 영화예술의 보편적인 진리가 무엇인지 다시 한 번 재확인할 계기가 주어졌다.

이제 새로운 세기를 맞이하면서 작은영화 정신은 급격히 변하였고 작은영화인들의 사상과 영화 만들기도 다양해졌다. 캠코더로 세상을 바라보는 젊은 세대들의 신선한 감각에 힘입어 오늘의 작은영화는 진정한 영화예술로서 거듭나고 있다. 일찍이 카뉴도가 영화를 인간의 삶으로 정의한 그 이상이 지금 우리 앞에 펼쳐지고 있는 것이다. 영화를 오락으로서 즐겨

왔던 대중영화의 소비자들은 동시에 스스로 자신의 영화를 만드는 생산자로서 존재하는 생비자(생산자이자 소비자)의 삶을 시작하였다. 그러한 이유로 작은영화의 개념과 미학 그리고 그 정체성은 영상을 소비하고 생산하는 새로운 세기를 살아가는 현대인의 삶 그 자체에서 정립되어야 할 것이다.

독립영화의 역사

　현재 우리가 독립영화라고 명명하는 작은영화의 그 모든 것을 이야기할 때, 일차적으로 해결되어야 할 문제가 독립영화의 개념규정이다. 독립영화는 영화장르적 개념으로서도 설명될 수 있지만 장르 분류기준이 무엇이냐에 따라 다양한 의미망을 펼치게 된다. 물론 그 의미망은 영화사의 맥락에서 살펴보아야 하고 그 단초는 영화의 탄생이 서구에서 시작된 연유로 서구영화사에서 찾아보아야 할 것이다.

　오늘날 독립영화(Independent Film)를 상징하는 영화운동으로 알려진 뉴아메리칸시네마는 1960년대 후반 미국의 독립영화이다. 미국독립영화 태동은 1940년대 중반, 로스앤젤레스를 중심으로 활동한 실험영화와 1950년대 뉴욕을 중심으로 자리 잡은 언더그라운드영화에서 비롯된다. 미국독립영화는 반헐리우드 영화운동으로서 뉴아메리칸시네마를 등장시켰고 제3세계의 혁명영화와 독일의 뉴저먼시네마의 태동에까지 영향을 미쳤다.

사실 미국의 독립영화는 일찍이 유럽의 1920년대 전위영화의 미학적 전통을 따르는 아류영화에서 시작되었다. 유럽의 독립영화는 전위영화의 지속적인 거듭남에 힘입어 1940년대 이탈리아의 네오리얼리즘, 1950년대 영국의 프리시네마 그리고 1950년대 말 프랑스의 누벨바그 등으로 이어졌다.

여기서 우리는 독립영화의 성격을 분류해서 이해할 필요가 있다. 첫째, 비상업적·비제도권 영화로서의 작은영화이다. 시대의 흐름에 따라 독립영화의 성격은 변할 수밖에 없지만, 비상업적인 본질은 불변이며 따라서 독립영화는 주류의 영화산업 외부에서 활동할 수밖에 없는 비제도권 시스템의 영화라는 실존을 벗어날 수 없다.

둘째, 일반대중을 겨냥해서 저예산으로 만든 예술성과 사회성이 높은 작가영화(감독중심의 영화)이다. 저예산영화란 경제적 의미에서 작은 예산이라기보다 스케일상 규모가 작은 영화라는 뜻이 앞선다. 반헐리우드영화란 스케일이 큰 헐리우드영화의 상업성과 조직의 간섭으로부터 탈피하고자 하는 영화이다. 그 특색은 개성이 강한 작가영화로 대중에게 다가서는 길을 모색한다는 것이다.

셋째, 독립영화는 내용에 따른 패러다임의 구조와 스타일 그리고 그 형식에 따른 장르분할 등으로 다양한 분류가 가능하다. 독립영화가 제도권 밖에서 생존할 수 있는 생존율은 제도권 영화와의 차별화에 비례한다. 그 차별화는 내용과 그 내용을 전달하는 패러다임의 구조 및 스타일 그리고 개성적인 형식에 있다.

이상 언급한 바를 기준으로 작은영화인 한국독립영화의 성격을 분류, 적용시킨다면 작은영화의 경향을 체계적으로 정리할 수 있다. 물론 한국독립영화사의 줄기와 그 뿌리를 찾아 구체적으로 언급하기란 쉽지 않다. 하지만 한국영화사에서도 나름대로 독립영화 성격이 분명히 드러난 지속적인 영화 활동이 발견되므로 시대적 고찰을 통하여 독립영화의 효시작에 대한 정리가 요구된다. 그리고 서구와 한국의 독립영화 변천사를 통해 독립영화의 체계적인 고찰과 개념정립을 모색해야 한다.

독립영화의 효시

서구 독립영화의 시작

서구 독립영화는 영화예술의 독자성을 추구해온 1920년대 유럽의 전위영화에서부터 논의할 수 있다. 개인적으로는 예술가요, 집단으로 보면 일종의 예술운동이었던 프랑스의 전위영화가 세계 작은영화의 본격적인 활동이었다. 당시 전위영화는 전통적 스토리의 패턴과 연극적 형태로 만들어진 영화형식을 탈피하고, 카메라가 추구할 수 있는 새로운 세계를 발견하고

자 노력하였다. 그 결과 영화예술을 문학시대에서 영상시대로 전환시키는 예술혁명을 일으켰다.

사실 영화예술 혁명의 시작은 프랑스가 아닌 독일의 화가, 한스 리히터와 바이킹 에겔링의 '절대영화', 「대각선의 심포니」(1921년)와 「리듬21」(1921년)에서 비롯되었다. 프랑스영화인들은 절대영화를 '추상영화'라고 부르며 그 뒤를 따랐다. 리히터와 에겔링은 음악적인 주제를 회화를 통해 시각적인 주제로 발전시켰다. 또한 스크롤페인팅의 소용돌이가 점점 풀려감에 따라 시간적·공간적 운동성을 갖게 된다는 사실도 발견했다. 리히터는 마스크 사용법, 컷·아웃 그리고 이중노출의 흥미로운 기법을 이용하여 카메라 기능 자체로써 실험적인 리듬, 트릭, 특수효과 등을 시도했다. 이런 촬영기법들은 당시 영화예술분야의 미개척 분야였다. 그의 영화는 회화, 무대장치, 배우 등과는 아무 관계없이 공간에서 움직이는 물체의 변화관계, 카메라의 기능에 의해 영화예술의 독자성을 확보하였다.

제1차세계대전 이후, 유럽의 전위영화인들은 그들이 겪었던 참혹한 전쟁의 현실에 대해 깊은 회의감을 느꼈다. 그 결과 표면적인 실재보다 정신적·내재적인 실재에 매달리기 시작하였다. 그들은 보이지 않는 실재의 내부로 파고들어가 허위와 과장의 부조리로 가득 찬 왜곡된 현실에서 새로운 진실을 찾으려 노력했다. 그들의 사상은 다다이즘이나 초현실주의 문학 그리고 프로이드의 정신분석학으로부터 영향을 받았다. 그들의 작품 구성은 무의식이나 의식의 흐름 같은 심리학의 과정에 근거를 둠으로써 독일 절대영화의 흐름에서 벗어나기 시작하였다.

한국독립영화의 시작

한국독립영화의 출발은 한국영화의 효시작 「월하의 맹서」를 감독한 윤백남이 1925년에 설립한 '백남프로덕션'에서부터 논의할 수 있다. 당시 백남프로덕션의 등장은 일본인이 조선 최초로 만든 부산조선키네마주식회사라는 메이저회사에 대항해서 조선영화를 조선인 스스로 만들기 위해 설립했다는 점에서 한국독립영화사에 있어 역사적·정신사적 의미가 크다.

한국과 같은 문화권의 일본 역시 1920년대부터 유럽의 전위영화를 받아들이고 그들로부터 영향받은 작품을 만들기 시작하였다. 중일전쟁 이후 일본의 실험영화들은 중단되기도 했지만, 해방 후 1940년대 미국의 실험영화는 일본 실험영화의 모델로서 현재까지 꾸준히 소개되고 있다.

여기서 한국과 일본의 독립영화는 서로 다른 성격을 갖고 출발하였음을 발견할 수 있다. 한국독립영화는 산업적 측면에서 메이저회사의 밖에서 군소업자가 제작하는 영화로서 출발하였고, 일본은 미학적 측면에서 예술성을 강조하는 독립영화로 시작하였다. 하지만 1950년대 이후의 한국독립영화도 서라벌예술학교 연극영화과의 설립에 힘입어 아마추어들의 슈퍼 8mm와 16mm 단편영화의 제작이 활성화되었다. 그 결과 한국독립영화는 산업적·미학적 측면의 독립영화를 추구하는 시대를 맞이한 것이다.

서구 독립영화 약사

유럽 독립영화사

1920년대 제1차세계대전 후, 유럽사회는 일체의 권위와 전통적 유산을 버리고 새로운 질서를 찾고 있었다. 이 시대에 탄생한 실험영화는 초창기의 영화가 구경거리로서 관객의 사랑을 받고 있을 때, 영화예술의 독자성을 추구하여 미학적 성장을 모색하였다. 리치오또 카뉴도는 '미래파 영화선언'을 통해 영화를 '제7예술'이라고 명명하고 문학과 연극의 오랜 전통이 영화를 지배하였던 초창기에 새로운 예술로서 영화의 존재를 일깨웠다. 루이 델륙은 '포토제니론'을 제시하고 영화라는 새로운 미디어는 눈으로 인식해야 한다는 영화의 시각주의를 제창하였다. 그의 영향을 받은 제르멘 듈락은 영화와 음악의 공통적 개성으로서 리듬을 발견하였고 이 리듬에 의한 움직임과 그 전개만이 감동을 창조할 수 있다는 '영화리듬론'을 주장하였다. 르네 끌레르 역시 '순수 영화시'라는 글을 통해 영화는 모든 극적 또는 기록적인 요소에서 해방되어야만 영화예술의 순수한 상상력으로 새로운 세계를 창조할 수 있다고 믿었다.

1920년대 유럽실험영화는 어떤 의미심장한 점을 내포하거나 질적으로 한 번도 선보이지 않은 창작성에 관심을 가졌다.

그들은 상영시간이 짧은 단편영화의 범주 내에서 열심히 영화만 제작했을 뿐, 어떤 작업을 하는지 애써 주장하지 않았다. 그들은 실험영화를 '소형영화(Little Cinema)'라고 부르며, 과시하지 않고 숨어서 보는 귀중한 보석처럼 여겼다.

초창기 유럽의 전위영화들은 세분화된 용어의 개념으로 몇 가지 분류가 가능한데, 프랑스 전위영화의 경우 '추상영화', '인상주의영화', '입체파영화', '다다이즘영화', '초현실주의영화' 등으로 나뉘어진다. 그리고 미국의 실험영화(Experimental Film)나 언더그라운드영화(Underground Film)는 유럽의 실험영화로부터 영향을 받았지만 점차 독자적인 '주관적 영화'로 보편화되었다. 즉, 개인의 일상적인 삶의 의식이나 그 주변을 카메라로 표출시킨 '개인영화'나 산업적인 '독립영화(작가영화)'로 발전하였다.

프랑스의 추상영화는 두 줄기의 흐름을 갖게 되는데, 독일의 절대영화의 전통을 따른 방식과 일련의 생동감 넘치는 추상물을 만화적인 기교로 보여주는 방식이다. 인상주의영화는 스토리영화 그 자체가 예술의 한 형태라고 주장했다. 이 주장의 중심에 선 루이 델륙을 추종하여 카메라로 특수한 분위기나 환경을 포착하였다. 그들은 더 예술적이 될 수 있는 인기 있는 오락으로서 영화를 인식했다. 제르맨 뒬락의 「미소 짓는 마담 부데」(1922년)는 매우 전통적인 짤막한 이야기를 소재로, 로맨틱한 중년의 여인과 그녀의 완고하고 아둔한 남편 사이의 사건을 다뤘다. 이 영화는 슬로우 모션으로 잡지의 한 페이지에 나온 젊고 멋진 청년이 그녀의 팔에 안기는 백일몽을 보여주는 대표적인 인상주의영화가 되었다. 느린 동작으로 찌그러진 듯한 렌즈를 사용해 촬영한 화면은 영화가 예술이면서도 오락일 수 있다는 것을 보여준 것이다.

입체파영화의 대표작은 초기 입체파화가인 페르랑 레제의 추상적인 작품 「기계적 무용」(1924년)이다. 이 작품은 시간과 공간에서 평범한 대상의 음률을 창조하기 위해 지렛대, 도르레, 선풍기, 추의 운동으로부터 춤의 묘사를 시도했다. 한 소녀가 카메라에서 가까워졌다 멀어졌다 하는 것이 움직이는 추만큼 규칙적이며, 그녀가 눈을 뜨고 감는 것은 피스톤만큼이나 기계적이었다.

다다이즘영화는 1920년대 초반 모든 부르주아 인습을 조롱하는 다다의 기운 찬 운동을 만 레이의 「이성으로 복귀」(1923년)로 표출하였다. 폐의 심부에서 외치는 다다이스트들의 시와, 사이렌과 종소리로 표현되는 문학작품의 엉뚱한 해석이 뒤죽박죽 어울렸다. 또 다른 성공적인 걸작은 르네 끌레르의 「막간극」(1924년)이다. 끌레르의 예민한 영화적 상상력은 다다이스트들의 불합리와 예상 밖의 사건에 대한 욕구를 개성적인 위트를 가미시켜 영상화하였다.

다다가 단순한 무정부 상태에 머무는 반면 초현실주의 영화는 다분히 좌경화된 목적과 계획으로 정치적 무장을 하고 있었다. 초현실주의를 표방한 가장 악명 높은 영화는 「황금시대」(1930년)로 자본주의와 기독교 사상을 거세게 몰아붙여 파리에서 공개되었을 때 큰 충격을 불러일으켰다. 1920년대 말, 유럽 지식인층에 인기가 치솟은 프로이드의 가르침은 무의식을 표현하는 새롭고 매력적인 어휘를 만들어냈다. 프로이드적인 면을 거부한 초현실주의 영화의 하나는 루이 부뉘엘과 달리가 만든 「앙달루시아의 개」(1929년)이다. 이들은 다른 초현실주의자들처럼 꿈의 표현을 사용하였지만 그것을 기계적이고 미리 계획된 형태로 만들려고 하지 않았다. 그래서 준비된 각본 속에서 그들의 설명 또는 근거를 댈 수 있는 모든 요소를 찾아내어 지워버렸다. 그들의 목적은 의식적으로, 더 나아가서 자의식적으로까지 관객을 놀라게 하여 공포에 몰아넣음으로써 윤리나 언행 또는 기호의 모든 전통적 기준을 조롱하는 것이었다.

1930년대 유럽의 또 다른 실험영화 감독들은 그들을 둘러싸고 있는 현실세계에 강하게 이끌리고 있었다. 독일의 발테르 루트만은 도시로 기차가 들어오고 상점주인이 가게의 철문을 올리는 첫 장면을 시작으로 베를린의 새벽부터 한밤중까지의 초상을 그린 「베를린 대도시의 심포니」(1927년)를 발표하였다. 폴란드의 요리스 이벤스 역시 「비」(1929년)로 암스테르담의 소나기를 인상 깊게 묘사하였다. 그는 소비에트 영화의 사회적 현실주의의 영향을 받아 시적이고 아름다운 도시의 심포니보다는 사회에 대한 신랄한 비평을 담은 영화를 만들기도 하였다.

1920년대 유럽의 실험영화가 예술 그 자체를 위한 예술이었다면, 1930년대 유럽의 실험영화는 단순한 미적인 효과보다는 사회적 비평을 의식하기 시작하였다는 점에서 새로운 전환을 기대한다. 전후 복구되지 못했던 스튜디오의 미비한 시설 때문에 카메라를 야외로 가지고 나와 거리의 모습을 담은 일련의 시도들은 독일의 '거리영화(Street Film)'를 탄생시켰다. 빌리 와일더와 로버트 시오드마크의 공동작 「일요일의 사람들」(1929년)은 베를린과 그 주위의 공원에서 촬영한 영화로, 하류층의 젊은이를 명확하면서도 신랄하게 표현하여 도시교향악의 실험적 기교가 돋보인 작품으로 인정받았다. 세월이 흐르면서 유럽의 실험영화 작가들의 미적 추구는 사회적인 방향으로 선회하였다. 그들은 소비에트의 현실적인 작품을 감상하고 토론을 벌이며 변화하는 현실, 조롱하는 현실, 무시되는 현실이 그들과 관련되어 있음을 알게 되었다. 무르나우의 카메라 이동기법, 에이젠스타인이나 프도프킨의 편집원리, 스트로하임의 「탐욕」에서 보여주는 사실주의와 플래허티의 「모아나」에서 묘사된 서정적 운치는 그 당시 영화매체의 존재를 좀더 확장시키고 있었다.

유럽의 실험영화 작가들은 꾸준한 활동을 통해 유럽 각 나라에서 새로운 영화의 등장을 촉구하였다. 1940년대 중반 이탈리아의 네오리얼리즘, 1950년대 중반 영국의 프리시네마, 1950년대 후반 프랑스의 누벨바그 등은 실험영화 정신의 소산이었다. 오늘날 새로운 다큐멘터리 정신과 촬영기법으로 인정받고 있는 1960년대 프랑스의 시네마-베리떼는 1920년대 소련의 즈가 베르토프의 '영화 안' 논리로 찍은 '뉴스릴'과 1930년대 독일의 거리영화의 전통을 이어받았다. 다시 캐나다와 미국에 전파되어 다이렉트 시네마로서 유럽의 실험영화 정신을 계승하였고 다이렉트 시네마는 캠코더 세상에서 '몰래카메라'로 대중화되었다.

미국의 독립영화사

오늘날 미국영화의 정신을 이끌어온 뉴아메리칸시네마의 계보 역시 미국 최초 독립프로덕션에서 제작한 개인영화 「맨하타」(1921년)에서 그 시작을 엿볼 수 있다. '맨하탄'이 아닌 「맨하타」는 월트 휘트먼의 시를 화가 찰스 쉴러와 사진사 폴 스트랜드가 공동으로 영화화한 작품으로 뉴욕시를 고정적인 롱쇼트로 연결시켜 구성한 다큐멘터리영화이다.

본격적인 실험영화가 미국에서 전개되기 시작한 것은 제2차세계대전 이후, 상업주의 영화에 대한 끈질긴 도전에서 비롯되었다. 1947년 아모스 보겔은 전쟁 당시 미국에서 성공적으로 개최된 영화회 '시네마16'의 역사적인 전통을 배경으로 프로빈스타운 연극관에서 영화회를 재개하였다. 당시 유명한 사회기록영화, 논쟁이 될 만한 성인영화, 완숙된 실험영화와 국제적인 고전영화 및 의학적 정신병 치료연구 영화 등이 주로 상연되었다. 이와 같은 시기에 예술영화관 운동이 일어나 유럽에서 수입된 영화를 상연하기 시작하였다. 1950년 페리 밀러가 설립한 영화상담센터는 수입영화의 중요한 공급원이

되었다. 단편영화 보급의 성공은 미국에서도 유사한 작품을 직접 제작할 수 있게 만들었다. 1951년 뉴욕 우드스탁에서 미국 최초의 '미국예술영화제'가 열렸다. 영화상담센터는 이 영화제를 적극 지원하여 미국에서 예술영화의 제작, 보급 활동 전반에 걸쳐 새로운 활기를 부여하였다. 이를 계기로 1943년부터 미국의 서부지역 로스앤젤레스를 중심으로 시작된 실험영화운동과 동부지역인 뉴욕의 언더그라운드영화는 하나의 전통을 이어왔다.

동부 언더그라운드를 주도한 마야데렌의 「오후의 올가미」(1943년)는 소녀의 공포와 이상심리를 통해 상징화된 전쟁의 후유증을 다루고 있으며, 케네쓰 앵거가 동성연애를 소재로 한 피학대 음란증을 이미지와 사운드의 대위법적 운용으로 보여준 「불꽃」(1947년)은 대단한 화제를 일으킨 작품이다. 이런 류의 영화와는 달리 스타우파처의 「지그재그」(1950년)는 스트라빈스키의 음악에 맞춰 네온사인이 리드미컬하게 흐르는 전형적인 밤을 묘사했다. 프란시스 톰슨은 비뚤어진 거울과 특수렌즈를 사용하여 유쾌하고 멋진 도시교향곡 「뉴욕 뉴욕」(1958년)을 만들었고 앤디 워홀은 여섯 시간 동안 잠자는 모습을 카메라에 담은 「수면」(1963년)과 무려 8시간 동안 엠파이어스테이트 빌딩의 요모조모를 촬영한 「엠파이어」(1964년)를 통해 전후 미국실험영화의 변혁에 앞장섰다. 이 즈음 비디오 아트가 주목을 받으면서 또한 영상관련 산업체들이 실험영화의 성취를 자양분으로 수용하면서 실험영화의 영역은 다른 방향으로 확대되어갔다.

실험영화의 퇴조

유럽에서 미국에 이르기까지 꾸준히 새로운 돌파구를 창출해온 실험영화는 상업영화와의 경쟁에서 패배하여 새로운 돌파구를 모색할 수밖에 없었다. 영국의 프리시네마나 프랑스의 누벨바그 그리고 미국의 뉴아메리칸시네마는 바로 단편영화의 실험적 영화정신이 프로페셔널한 영화에 계승된 결과 나타난 것들이다. 뉴아메리칸시네마의 구체적인 모태는 1960년 9월 뉴욕의 영화작가 모임인 '독립영화작가'의 선언이다. 그들은 뉴아메리칸시네마 그룹으로 명명하고 영화검열을 전면적으로 부정하면서 개인의 표현의 자유를 요구하는 성명을 발표하였다. 이후 반헐리우드 영화운동인 뉴아메리칸시네마는 헐리우드의 메이저와 독립영화 시스템을 절충한 새로운 헐리우드영화로 자리 잡아간다. 반헐리우드 영화운동은 1970년대 후반 독일의 아버지영화를 죽인 뉴저먼시네마의 태동과 제국주의와 독재체재에 저항하는 제3세계 민중영화의 등장을 이끌어내며 세계영화의 새로운 흐름을 형성하는 데에 큰 영향을 미쳤다.

결국 실험영화가 추구한 단편영화의 영화예술운동은 내적인 모순보다 외적 여건의 어려움으로 그 활동이 위축될 수밖에 없었다. 일부는 상업적인 예술영화 활동에서 또 일부는 극소수의 영화마니아의 호응 속에서 겨우 명맥을 유지하고 있다는 것이 오늘날 단편영화의 현황이다.

한국의 독립영화사

초창기 한국독립영화

1925년 백남프로덕션의 등장은 조선영화를 조선인 스스로 만들고자 하는 조선영화인의 자긍심을 보여주었다. 즉, 백남프로덕션의 자립적인 조선영화 만들기는 한국독립영화사의 시작으로서 정신사적 의미와 가치가 크다. 1920년대 당시 한국독립영화는 같은 문화권의 일본과 달리 미학적 입장보다 산업적 측면에서 독립영화가 출발하였다. 이후 일제시대 대부분의 조선영화와 해방 후 1961년 영화법이 시행되기 전의 한국영화는 소위 보따리장사로 불리는 군소업자에 의한 부실한 영화시스템으로 만들어진 영화들이었다.

해방 후 순수한 독립영화인 '학생영화'의 시작은 동국대학 국문과에 재학하고 있었던 유현목 감독의 「해풍」(1950년)부터이다. 「해풍」은 지금의 교보빌딩이 들어선 미국공보관에서 시사회를 가졌던 기록이 공식적으로 남아 있으며, 본격적인 한국 작은영화의 시작이었다. 이후 대학의 작은영화는 연극영화학과의 실습작품 발표회나 졸업영화제를 통해 일반인에게 공개되었다. 연극영화학과가 작은영화로써 공식적인 활동을 시작한 것은 서라벌예술학교(중앙대학 예술대 전신) 연극영화학과의 동아리인 영상회(1971년)가 처음이다. 지금 한국영화계에서 활동하고 있는, 김유진(영화감독), 이춘연(한국영화인회의 이사장), 장영일(영화감독), 유인촌(탤런트), 김수남(필자), 정소녀(배우) 등 20여 명이 영상회에서 활동하였다. 영상회는 16㎜나 슈퍼 8㎜ 등의 반전(反轉)필름으로 영화를 제작하여 대학의 소극장이나 미국 공보관 또는 종로나 명동의 다방 등에서 시사회를 가졌다. 소수지만 순수 영화를 사랑하는 동호인들을 초대하여 그들이 만든 작품들을 감상하고 토론하며 다음 작품의 제작에 대해서 이야기를 나누기도 하였다.

이보다 앞서 영상회와는 다른 성격의 아마추어 영화그룹이 있었다. 1970년 7월에 창립한 한국소형영화동우회는 영화와 관련이 없는 의사, 교수, 직장인 등이 모여 유현목 감독을 초기회장으로 모시고 8㎜영화 만들기 지도를 받았다. 하길종 감독, 정일성, 유영길 촬영기사 등도 당시 이 그룹의 지도자로 참여하였고 배창호 감독도 직장인 시절에 영화를 만들고 싶어 이 단체에 동참하였다고 한다. 이 소모임은 지금까지도 지속되고 있으며 한 달에 한 번씩 모임을 갖고 자신들이 만든 작품들을 감상하고 토론하고 있는 유일한 순수영화그룹이다.

이 외에 1970년대 초에 활동한 영화그룹으로는 영상연구회(1972년), 카이두 실험영화그룹(1973년) 등이 16㎜영화를 제작하는 대표적인 단체였다. 영화를 만들지는 않았지만 영화감상그룹의 성격을 띤 영화동호회로는 연세대의 영상미학반(1974년), 프랑스문화원의 시네클럽(1977년)과 독일문화원의 동서영화동호회(1978년) 등이 있었다. 동서영화동호회는 동서영화연구회로 새롭게 조직되면서 8㎜영화를 제작하기도 했으나 그 활동은 미미하였다. 한편으로 새로운 한국영화를 지향하여 하길종, 김호선, 이장호 감독이 주축이 되어 만들었던 '영상시대'(1975년)의 출신들인, 장길수, 신승수 등이 참여한 청년영상연구회(1979년)는 본격적인 독립영화의 시작을 기대하게 했으나 지속되지 못하였다.

「해풍」 이후 1970년대까지 연극영화과의 실습작품을 중심으로 활동하였던 우리의 작은영화는 대학에 소속된 영화동아리의 활성화로 소형영화 관객의 저변이 확대되었다. 1980년대 한국사회는 박정희 정권이 몰락한 후, 서울의 봄을 기대했으나 전두환 정권의 출현으로 다시 겨울공화국으로 되돌아가고 있었다. 이러한 시대적 분위기 속에서 대학영화패들 사이에서는 정치운동으로서 경향파적 영화제작이 주류를 이루었고 '작은영화'운동으로서 '민중영화'가 자리를 .잡아가기 시작하였다.

독립영화로서 민중영화의 태동

서울대학교 영화연구회 '얄라셩'(1979년)은 집단창작체제로 운영되는 독립영화의 활동을 본격적으로 모색한 선발그룹으로 현재 감독으로 활동하고 있는 김홍준, 박광수, 송능한, 홍기선, 황규덕 등이 참여하였다. 얄라셩은 집단창작체제로 공동체적 의식을 추구하여 새로운 사회적 삶을 주장하는 영화제작을 강조한다는 점에서 순수 작은영화의 성격에서 벗어나고 있었다. 그들은 '서울영화집단'(1982년)으로 다시 태어나 집단

제작과 개인제작을 병행하면서 다양한 작품으로 현실에 참여하는 역할을 넓혀갔다. 그들은 라틴아메리카의 혁명영화에 관심을 갖고 영화운동을 통한 사회개혁을 시도하는 '민중영화'를 제창하였다.

이후 대학영화는 1984년 '작은영화제'를 계기로 대학영화패들의 활동이 조직적으로 활성화되면서 1987년 대학영화연합을 결성하였다. 이때부터 한국 작은영화는 민중운동으로서 본격적인 민중영화가 주류를 형성하였다. 서울영화집단을 비롯한 기존 소규모 영화집단들이 해체 후 모여 만든 서울영상집단(1986년)은 변재란, 이정하, 이효인, 홍기선 등이 주축이 되어 민중성 획득을 위한 영화운동을 선언하고 민중영화의 완성을 지향하여 「파랑새」(1986년)를 제작 발표하였다. 가톨릭 농민회 후원으로 농촌의 피폐상을 다룬 「파랑새」는 군부로부터 선동영화로 지목되어 대학영화권을 사회주의 이적 집단으로 몰아붙이게 되는 최초의 작은영화 사건을 일으켰다.

이즈음 1987년 6월항쟁과 노동자 대투쟁은 국민들의 민주화 열기를 전국적으로 폭발시켰고 급변하는 사회 정세 속에서 대학영화는 사회운동으로서 그 역할이 확대되고 있었다. 소형영화의 대중화 그리고 전문화를 시도한 '장산곶매'의 「오! 꿈의 나라」(1987년)는 한국 작은영화의 장편영화 시도라는 큰 업적도 있었지만 당시 금기시하던 광주민중항쟁을 처음으로 다루었다는 점에서 진정한 작은영화의 역할을 대내외적으로 알렸다. 상계동 철거민들의 애환을 다룬 비디오 다큐 「상계동

「오! 꿈의 나라」(1987)의
한 장면.

올림픽」(1988년)과, 작은영화의 질적 전환을 이룬 장산곶매의
두 번째 장편영화로 노동자의 투쟁을 그린 「파업전야」(1990
년)는 노동영화운동을 일으키며 1990년대 민중영화의 전형으
로 자리 잡았다.

1990년대를 통과하면서 작은영화의 상황은 외적으로는 미
소냉전의 종식과 동구권의 몰락으로 이데올로기의 무용화론
에 밀리기 시작하였고, 내적으로는 대학의 민중운동의 퇴조와
시민운동의 활성화로 급격한 사회의 변화를 맞이하였다. 작은
영화의 지향할 방향은 전면적으로 재검토될 수밖에 없었다.
그 대안책으로 1990년 1월 한국독립영화협의회가 결성되어
작은영화의 인력양성과 교육 및 보급활동을 모색하기 시작하
였다. 그 사업의 일환으로서 '문화학교 서울'의 등장은 좋은
영화는 좋은 관객이 있어야만 존재할 수 있다는 확신 아래
1991년 5월부터 좋은 관객과의 상시적인 만남을 시도하였다.
이렇게 한국의 독립영화는 복합적이고 다층적으로 급변하는

영상 환경에 대처하여 나름대로 새로운 대안을 모색하였다.

현재 활동하고 있는 한국의 독립영화 단체는 '기록영화제작소 보임', '노동자뉴스제작단', '한국독립영화협회', '서울영상집단', '영화제작소 청년', '푸른영상' 등이 있으며, 이들과 영화마니아들에 의해 연간 약 500여 편이 넘는 독립영화가 만들어지고 있다.

또한 제38회 베를린영화제 포럼에서 「백일몽」(1984년), 「강아지 죽는다」(1985년), 「그날이 오면」(1987년) 등 7편의 한국의 독립영화가 소개된 후 해외영화제 진출도 활발해졌다. 2000년대 이후 독립영화가 양적으로 팽창하게 된 배경에는 대중적으로 영화에 대한 관심이 높아지면서 영화를 직접 만드는 활동의 확산이 있었다. 1994년부터 시작된 서울단편영화제나 1996년 출발한 인디포럼 및 부산국제영화제 등 독립영화를 상영하는 영화제들이 개최되고 주목받기 시작하면서 독립영화가 대중에게 공개되는 토대가 마련되었다는 점도 있다. 무엇보다도 독립영화가 성장한 계기는 1999년 출범한 영화진흥위원회가 탄압의 대상이었던 독립영화를 지원의 대상으로 바라보기 시작했다는 데 있다.

한국독립영화의 위상

새로운 세기를 맞이하면서 우리는 두 선각자의 예지를 확인하는 증후군 속에 살고 있음을 실감한다. 그 선각자의 한 사람인 벨라 발라즈는 일찍이 문화전달의 수단이 '읽는 문화'(인쇄 매체)에서 '보는 문화'(영상 매체)로 전환될 것을 예고했다. 또한 아벨 강스는 불후의 명작 「나폴레옹」(1924년)을 통해 다면영상을 시도하여 영상시대의 도래를 선언하였다.

이들의 예언대로 오늘날 정신사적으로나 기술사적으로 영상이미지를 통한 문화생활을 영위하는 우리는 시각적 인간으로 변모하고 있다. 요즈음 텔레비전세대, 컴퓨터세대라는 신조어가 기성세대에 가하는 위화감은 새로운 매체에 대해 막연한 두려움을 갖는 그들에게 심리적 부담감을 가중시키고 있다. 그 때문에 신세대와 기성세대 간의 새로운 갈등이 증폭되는 세상이 되었지만, 이제는 주변의 일상생활에서 영상시대의 증후군을 흔히 접할 수밖에 없다. 특히 눈에 띄는 것은 대중영화를 소비하는 관객들이 스스로 독립영화를 생산하는 생산자로서 영화문화에 대한 새로운 인식을 넓혀가고 있다는 것이다. 독립영화를 제작하는 화두는 이미 특정한 영화마니아들만의 전문적인 활동에 관한 이야기가 아니다. 각자의 발언을 위한 문화적·사회적·정치적 행위의 도구로서 개인영화가 주류를 이루는 것이 독립영화의 새로운 경향이며 세계적인 추세다. 영화사를 통해서 우리가 확인하는 독립영화는 시대에 따라서 스타일과 그 경향의 변화가 있을 뿐, 상영시간의 길이가 짧은 영화로서 독립영화의 역사는 영화 초창기부터 이미 시작되었고 그 전통은 지금까지 이어져오고 있다는 것을 명심해야 한다. 시대와 지역에 따라서 다양한 형식의 독립영화가 존재하게 된 것은 영화문화적 차이에서 비롯된다 하겠다. 1980년대 한국의 작은영화를 대변하는 민중영화나 1990년대의 새로운 독립영화 또한 영화문화적 차이와 시대적 요구에 따라 탄생·변모하는 것이다.

1980년대 민중영화운동으로서의 작은영화

한국에서 독립영화의 위상을 산업적·미학적 차원에서 그 출발점을 분류하여 논의하는 것은 단순치가 않다. 그러나 대체적으로 한국에서 산업적 측면에서 독립영화를 거론할 수 있는 것은, 조선영화 초창기부터 1961년 영화법이 제정되기 전까지 군소제작자에 의해 만들어진 영화나, 영화법제정 이후 프로듀서 시스템으로 만들어진 저예산영화로서 독립영화의 성격이 뚜렷이 부각된 일부 작품에만 국한시켜야 한다. 이에 반해 미학적 측면에서 한국독립영화의 시작은 학생이 영화제작의 주축이 된 '학생영화'에서 비롯된다. 이런 의미에서 유현목 감독의 1950년작 「해풍」은 한국에서 학생이 만든 독립영화의 효시작으로 지정하여야 한다.

「해풍」이후, 1980년대 중반 민중영화가 등장하기 전까지 학생영화는 대체적으로 주관적인 개인영화로서 다양한 스타일과 내용을 보여주었다. 1970년대 초반 영상회의 일원으로 활동한 필자의 기억에만 의존하여 당시 단편영화의 경향을 이야기하는 것은 역부족이다. 하지만 한국 최초의 단편영화제로 한국청소년영화제가 1975년 한국방송공사와 영화진흥공사(영화진흥위원회 전신)의 공동주최로 개최되었다는 사실은 당시 단편영화의 활동에 대해서 긍정적인 지원책을 모색한 것이라고 본다. 현재는 서울독립영화제로 명칭이 변경된 한국청소년영화제 출품작들의 경향을 보면 1970년대 단편영화의 작품성향을 읽어낼 수 있다. 주로 기성영화를 모방한 축소판 극영화에서부터 실험영화, 기록영화, 만화영화 등 소위 예술성을 추구하는 비상업적인 영화가 주류를 이루었다. 그로부터 10년 후 제 10회 한국청소년영화제의 수상작을 살펴보면, 최우수상에 김경식의 「터널」(1984년), 우수상에 이정국의 「백일몽」(1984년), 박광우의 「강아지 죽는다」(1984년) 등으로 그 내용과 스타일의 다양성이나 성향이 제1회 한국청소년영화제의 작품과 크게 변함이 없었다. 그 외 지역의 전통 있는 대표적인 독립영화제인 부산아시아단편영화제는 그 역사가 20여 년을 이어온 전국규모의 '작은영화제'였다. 한국단편영화제로 1980년 12월에 출범한 이후 지방도시의 열악한 문화환경을 극복하고 변방의 특수성을 잘 활용한 성공적인 영화제로 평가받고 있다. 특히 이 영화제는 대학의 연극영화학과나 일반 개인의 작품 등 다양한 단편영화를 소개하는 단편경쟁영화제로서 오석근, 강제규, 류승완 감독 등이 수상한 바 있다.

그러나 1984년 대학영화동아리들이 주축이 된 작은영화제가 열리면서 단편영화는 민중영화운동으로서의 작은영화로 전환되었다. 당시의 작은영화는 1970년대 소형영화그룹이나 학생영화가 서구의 전위영화운동의 전통을 따라 순수 예술영화운동을 추구한 것과는 거리가 먼 이데올로기영화였다. 작은영화의 활동은 당시 군사독재정권의 철저한 영화검열로부터 자유롭지 못했던, 즉 현실의 제 문제로부터 닫혀 있었던 제도권 영화의 새로운 탄생을 촉구하였다. 뿐만 아니라, 스스로 군사독재정권에 맞서서 민중의 암울한 삶을 카메라에 담아 정치적 투쟁의 전선에 나서는 저항영화로서 자리 잡아갔다.

1980년대 한국의 작은영화는 개인영화와 집단영화로 분류하여 논할 수 있는데, 작은영화제 이후의 작은영화는 학생영

화의 성격이 강한 순수 개인영화가 위축되었고 대신 집단창작
으로 만들어진 저항영화가 작은영화의 주류를 형성하기 시작
하였다. 그 이유는 개인영화가 일상의 주변을 사적인 시각에서
순수하게 그리거나 지나치게 주관적인 경향으로 흘러 1980년
박정희 독재정권의 몰락이후 시대적 부응에 동참하지 못한 탓
이다. 반면에 집단창작영화는 조직의 이념과 사상으로 무장하
여 사회의 모순과 민중의 아픔을 구체적으로 적나라하게 표출
하여 제도권 영화가 다룰 수 없는 영역을 활짝 편 열린 영화로
서 성장하여 작은영화에 관심 있는 젊은이들의 호응을 받았다.

1980년대 대표적인 개인영화들

김경식의 「터널」(1984년)은 어떤 난관에도 굴하지 않은 젊
음을 그린다. 억압의 시대에 젊은이에겐 미래가 없다. 미술학
도가 그림을 그리고 싶은 대로 그려지지 않아 고통 받는 시련
의 과정을, 터널을 뚫고 나가기까지의 어려운 역경으로 비유
하여 묘사한다. 그것은 곧 미래가 없는 컴컴한 어두운 세상을
헤쳐나가 자의식을 해방시키는 젊음의 용기를 나타낸다.

장길수 역시 희망 없는 삶을 「강의 남쪽」(1980년)으로 그리
고 있다. 1980년대 서울에서 '새서울 교회'를 짓는 공사가 한
창인 공사장 풍경을 배경으로 울려 퍼지는 망치소리와 그 속
에서 으르렁거리는 햇빛에 잔뜩 그을린 사람들의 이야기다.
너무나도 초라한 판자촌의 선술집에서 뛰쳐나온 아낙네를 쫓

아가는 칼을 든 사내를 카메라가 잡는다. 쫓고 쫓기는 소동에도 공사장은 아랑곳없이 먼지가 나부끼고, 정말 죽일 듯한 기세로 사내가 칼을 들고 여인을 따라가는 것으로 영화는 끝난다.

서명수의 「문」(1983년)은 인간의 기본적 욕구와는 상관없이 세워진 도시의 메커니즘에 쫓긴 꼬마가 생리현상 때문에 버스에서 무작정 내려서는 것으로 시작된다. 꼬마의 욕구는 아주 간단하지만 꼬마가 가는 빌딩이나 건물마다 화장실 문은 닫혀 있다. 결국 주거지인 아파트촌까지 쫓기다시피 와서 집 문앞에 다다른 모습을 통해 현대 사회의 각박한 삶을 고발한다.

이정국의 「백일몽」(1984년)에서 실업자인 주인공은 하숙집 딸과 결혼하려는 희망을 품고 구직을 위하여 돌아다니지만 번번이 실패하게 된다. 실의에 빠진 그는 술 취한 사람의 지갑을 훔치게 되고 하숙집 딸과 레스토랑에서 만나게 되는데 지갑에서 나온 것은 구직광고와 이력서뿐이다. 문희용의 「계절풍」(1988년) 또한 치열한 현대 도시 사회에서 한 젊은이의 꿈이 어떻게 좌절되는가에 대해 고뇌한다.

박광우의 「강아지 죽는다」(1984년)는 원형의 철망에 갇혀서 싸우는 투견의 모습을 다큐멘터리 형식으로 찍었다. 정확한 계산에 의한 촬영보다는 예외적인 상황에서 포착되는 현실에 중점을 둔 작품으로 개싸움이라는 현실과 텔레비전 모니터에서 보이는 권투의 평행편집은 그런 의미에서 긴장감을 손상시키고 있다. 그러나 절제된 커트의 구분과 단조로운 음악의 선택은 내용을 극대화시켰다.

곽재용의 「선생님 그리기」(1985년)에서는 '선생님 그리기'라는 과제가 주어진 미술시간에 성적 때문에 선생님에게 매질을 당한 소년이 선생님을 뿔이 나고 이빨이 삐져나온 도깨비로 그려놓는다. 선생님은 그 소년이 자신을 매질하는 환상을 보게 되면서 자기도 선생님처럼 힘을 갖고 싶었던 어릴 적 모습을 떠올린다. 계속 교차되는 과거와 현재의 잔상 속에서 선생님은 점차 소년에게 애정을 보이게 되고, 어느 날 도깨비 선생님이 그려 있던 자리에는 온화한 선생님의 모습이 대신 담겨 있다.

조진의 「버려진 우산」(1985년)은 원폭투하의 일순간적 사건이 오랜 세월을 두고 상처를 자아내는 과정을 그 희생자인 우산장수 가족을 통하여 그려낸다. 대상과 일정한 거리를 유지한 카메라의 절제된 움직임은 도식적인 영상에서 벗어나려는 노력을 보여주었다.

개인영화지만 사회성을 강하게 표출하려던 작품의 일례인 박성배 감독의 「미로」(1985년)는 경직된 사회에서 밝은 미래 사회를 염원하는 한 젊은이가 폭력과 억압으로 좌절하는 군부정권의 만행을 우화적이면서 직접적인 영상으로 그렸다. 김태영의 「칸트 씨의 발표회」(1987년)도 같은 류의 영화이다. 사진작가인 주인공이 촬영을 하다가 우연히 칸트 씨라는 인물을 발견하고 그의 행동에 호기심을 느껴 따라 다니며 관찰하던 중에 직접 말을 건네지만 그의 아픔을 동감하지는 못한다. 어느 날 사진작가는 그 동안 찍은 칸트 씨의 사진을 인화해서 칸트 씨를 기다리지만 전경으로부터 칸트 씨가 잡혀간 상황과 그가 광주민주항쟁 때의 실종자였다는 소식을 전해 듣고 괴롭게 돌아선다. 이 영화는 당시 군부정권 하에서 금기시된 내용을 모나지 않게 다루고 있다.

개인영화의 특색은 감독의 주관적인 생각과 삶의 주변 모습을 자유롭게 자신의 시각으로 강조한다는 것이다. 이상 소개한 작품들은 당시 사회상을 바탕으로 재치 있는 상황설정과 희화적인 표현으로 사회현실의 문제점을 다루고 있으나, 감상적인 수준에 머문 아쉬운 부분도 있다. 이 작품들은 1970년대 예술성만을 추구하는 순수한 학생영화와는 달리 일상의 주변을 객관적 시각으로 바라볼 줄 아는 영화의 사회성을 인식하기 시작하였다. 이 사회성의 강도는 집단창작영화와 비교할 때, 조직의 사상성과 지속성을 가진 운동성격의 저항영화에는 못 미치지만 나름대로 순수예술성만을 지향하는 종래의 학생영화에서 벗어나 메시지를 강조하는 사회영화로 한 걸음 나아가고 있었다. 물론 집단창작영화의 주제나 소재를 좇아 민중영화운동에 동참하는 아류적인 개인영화가 나타내는것도 이 시기의 한 특색이다.

집단창작영화

민중영화운동의 조직으로 만들어진 집단창작영화는 현장의

문제의식과 상황을 전달하려는 목적으로 주로 다큐멘터리 형식으로 만들어졌다. 이들은 다큐멘터리를 현실 상황에 대한 해석과 재구성을 거쳐 만들어지는 영화 양식이라고 믿고 있었다. 그 실천으로 민주화운동, 노동자운동, 농민운동 등의 사회운동과 긴밀한 관계를 갖기 위해서 투쟁적인 다큐멘터리영화인 민족영화, 민중영화, 노동자영화를 만들기 시작하였다.

서울영화집단의 「판놀이 아리랑」(1983년)은 최초로 만든 집단창작영화로서, 민중의 아픈 삶을 현장감 있게 보여준 공연을 영상화한 영화소집단의 소박한 수준의 작품이다. 영상과 음향의 불일치를 보여주는 그 결과는 다큐멘터리 양식이 가지는 상황과 해석이라는 두 가지 요소를 상징적으로 드러낸다. 그것은 반성 혹은 성찰의 의미가 담겨 있다는 점에서 다큐멘터리 구조에 대한 환기와 1980년대의 현실과 그 속에서의 예술의 의미에 대한 반성을 겨냥하고 있었다.

이어서 만든 「수리세」(1984년) 또한 민중운동과 영상의 결

「판놀이 아리랑」
(1983)의 한 장면.

합을 시도한 결과물이다. 전남 구례에서 있었던 농민들의 수세현물 납부투쟁을 영화화한 것으로 제작진은 현장에 가서 그곳 농민들과의 인터뷰와 재연을 통해 다큐멘터리로 재구성했다. 현장 농민들과 서울영화집단 회원들이 공동으로 구성하고 농민들이 직접 출연하여 사건을 재연하는 방법으로 제작하였지만 치열한 현장감을 제시하지 못하여 다큐멘터리의 현장성이 얼마나 중요한가를 깨우쳐준 사례가 되었다. 이 깨우침은 「파랑새」(1986년)로 이어진다. 외국농축산물 수입으로 인한 산더미 같은 부채와 저곡가정책으로 파탄에 이른 농민현실을 있는 그대로 영상화한 「파랑새」는 농민들과 토론·분석하여 제작되었다. 그러나 이 영화는 검열미필 혐의로 공동감독인 홍기선, 이효인, 이정하가 구속·기소되고, 농민의 선동과 투쟁을 목적으로 제작·상영된 영화로 판결받는다. 1987년 3월 서울영상집단은 헌법에 보장된 예술창작의 표현의 자유를 보장하고 민중문화운동 및 민중영상운동에 대한 폭력적 탄압을 중단하라고 그들의 주장을 발표한다.

이런 와중에 1980년 5월 광주민주항쟁의 현장을 담은 비디오가 누군가의 손에 의해 배포되기 시작했는데, 이 비디오에는 광주 시민들의 5.17 민주화시위, 공수부대의 진입과 시위 군중에 대한 무자비한 구타, 대검으로 시민들을 위협하는 장면, 칼에 찢기고 총에 맞아 형체가 일그러진 시신들, 총을 든 광주 시민군 등 그날의 처절한 현장이 생생하게 담겨 있었고, 비디오를 본 사람들은 엄청난 충격에 사로잡혔다. 보는 이들의 현실 인식을 바꿔놓은 '광주 비디오'는 현실을 고발하고 은폐된 진실을 드러내는 영상의 힘이 대중과 만날 때 어떻게 현실화되는지와 비디오 매체의 파급력을 확인시켜 주었다.

은폐된 현실을 대중적으로 알려나가는 비디오 매체의 힘을 다시 한 번 확인시켜 준 작품이 있다. 「상계동 철거」 1, 2부에 이어 제작된 「상계동 올림픽」(1988년)은 올림픽과 강제 철거의 모순된 현실을 드러내는 상징적인 어법에서 시작된다. 영화가 시작되면 희망찬 1980년대를 노래하는 건전가요를 배경으로 올림픽 깃발의 이미지와 상계동의 강제철거장면이 교차된다. 도입부의 이러한 구성은 올림픽 개최로 선진국이 될 것이라는 장밋빛 환상을 국민들에게 선전하던 시절, 올림픽이 열리는 바로 그 서울 한켠에서 도시환경미화를 위해 주민들의 생존권을 짓밟는 무자비한 철거가 이루어지고 있다는 모순적인 현실을 적나라하게 드러내고 있다. 「상계동 올림픽」은 전체적으로 일정한 거리를 두고 찍은 풀숏의 화면이 대부분을 차지하는데, 이는 한두 사람의 주인공에 집중하는 것이 아니

「상계동 올림픽」(1988)의 한 장면.

라 상계동 사람들 전체를 주인공으로 하여 강제철거에 대한 저항 등을 보여주려는 의도를 담고 있다. 올림픽을 성공적으로 개최하기 위해 외국 손님들에게 가난한 서울의 모습을 보이면 안 된다며 진행된, 폭력적이고 어처구니없는 달동네 재개발사업에 대해 분노를 느낀 감독은 화려한 올림픽의 뒤에서 고통받고 있는 철거민과 3년 동안 함께 생활하면서, 그들과 친구가 되어 얼싸안고 어울리며 카메라를 돌렸다. 이 작품은 한국다큐멘터리로서는 처음으로 야마가타 영화제에 초청되었고, 한국독립다큐멘터리 최고의 베스트셀러 작품으로 남는다.

정서적인 면이 두드러지는 작품으로 민족영화연구소가 55분 중편으로 비디오 제작한 「깡순이, 슈어프러덕츠 노동자」(1989년)도 주목할 만한 투쟁영화이다. 1980년대 구로공단은 산업화의 상징이었으며 한국 경제를 이끌어가는 메카였다. 이곳에서 일하는 노동자들 대다수가 시골에서 돈을 벌기 위해 서울로 상경한 젊은이들이었다. 치과 재료를 생산하는 한국 슈어프러덕츠 여성노동자들 또한 동생들의 학비를 마련하기 위해서 혹은 집안의 생계를 책임지기 위해서 고향을 떠나 힘든 공장 생활을 시작했을 것이다. 착실하게 일하던 여성 노동자들이 격렬한 투쟁 구호를 외치게 된 건 회사의 위장 폐업 때문이었다. 위장 폐업에 맞서 싸우면서 노동자들은 서로 단결하게 되고 노동자로서의 정체성을 강화시켜나간다. 그동안 노동자들의 투쟁을 담은 작품의 주제와 화자는 대체로 남성이었다는 점에서 이 작품은 각별한 의미를 갖는다. 농성 노동자

중 한 명을 주인공으로 하여 1인칭 내레이션을 통해 농성 투쟁에 대한 생각과 내면적 정서를 드러낸다. 농성장의 일상과 집회 장면을 중심으로 구성된 영상도 노동자들의 힘든 투쟁과 그 속의 고민과 힘겨움을 잘 담아낸다. 이는 당시 1980년대 후반의 다큐멘터리 영화들이 가졌던 추상적이고 설명적인 구조의 한계를 어느 정도 극복하였다.

독재체제에 저항한 대학영화

이즈음 체제에 저항하는 대학영화들이 등장하는데, 장윤현의 「인재를 위하여」(1987년)에서는 문학청년인 대학생이 자신의 시가 문제 동아리의 회보에 인용 발표됨으로써 수사당국으로부터 조사를 받게 된다. 그가 문제인물이 아님을 알면서도 가해지는 수사는 주인공에게 또 다른 현실인식을 불러일으키면서 지난 일들을 뚜렷이 회상하게 하는 결과를 가져온다. 8㎜ 매체에서 보일 수 있는 최대의 노력을 기울인 작품으로, 주인공의 개인적 체험의 한계성과 취조장면 묘사의 중첩에도 불구하고 진한 정서를 부여하고 있다.

장동홍은 모순된 사회 속에서 체제에 순응하는 인간들의 모습에 관심을 갖고 두 편의 사회영화를 만들었다. 「그날이 오면」(1987년)은 지배와 억압 속에 체제에 순응하기를 강요당했던 한 전경의 과거를 사회의 구조적 모순 안에서 이해하고 이를 영상화한 작품이다. 비교적 세심한 소품처리와 기록필름

(다큐멘터리) 삽입으로 사실감과 현장감을 효과적으로 구축하였으나, 극의 전개를 주인공의 회상을 통한 감정이입 형식으로 처리하여 특수 집단에 속했던 한 개인의 체험으로 축소되고 있다. 그러나 한 전경의 의식의 흐름은 흑백논리보다 포괄적인 시점으로 관객에게 전달하고자 하는 그 무엇을 보여준다.

역시 장동홍의 「노란 깃발」에는 자본가들의 시각에서 볼 때 성실하고 평범한 여공인 미자가 등장한다. 그녀는 주위 친구들과 대화를 나누고 대중집회에 참가하다가 자본주의 사회의 모순을 느끼기 시작한다. 마침내 선도적이었던 동료가 희생당하자 미자는 더 이상 순응하기를 거부하고 새로운 투쟁의 주체로서 나선다. 이 작품은 간간히 보이는 기록영화적인 화면들(마당극, 노동집회)과 실제 공장에서의 촬영으로 사실성을 유지하고 있다. 정성진의 「어머니」(1987년)는 노동현장에 투신하여 투쟁을 벌이다 구속된 딸을 통해 이 땅의 현실에 직면하여 맞서서 일어선 한 어머니에 대한 이야기이다. 이 영화는 투쟁주체의 주변에서 자신이 주체임을 깨닫지 못하고 물러서 있는 많은 이들에 대한 문제제기로 평가받았다.

독립장편영화의 등장

1980년대를 보내면서 한국독립영화계에 큰 사건이 벌어진다. 장산곶매의 이은, 장동홍, 장윤현이 만든 한국독립영화로서 최초 장편인 「오! 꿈의 나라」(1989년)가 1989년 1월 예술극장 한마당에서 상영되던 중 극장대표 유인택과 제작참여자 홍기선이 재판에 회부된다. 이 작품은 당시 금기였던 광주민주항쟁을 소재로 만든 영화로 탄압은 이미 예고된 것이었다. 정부와 민정당 측이 현행 공연법 이외에 영화법, 음반법 개정안을 마련하여 이데올로기와 윤리성에 대한 심의를 강화한다는 방침을 이미 발표한 것이다. 이런 시점에서 만들어진 노동자뉴스제작단의 「노동자뉴스 1호~7호」(1989년)는 부조리한 노동현장의 모습을 대중들에게 알리는 선동적인 영화로 만들어졌다. 이런 맥락에서 장산곶매가 두 번째로 만든 장편영화요 최초의 본격적인 노동영화, 장동홍의 「파업전야」(1990년)가 등장한다. 이들 영화는 1990년대 한국독립영화가 본격적으로 민중영화와 노동영화를 지향하지 않을까 우려를 낳기도 하였다.

그러나 미국 대통령 레이건과 소련 수상 고르바초프의 냉전종결 협상은 1989년 11월 9일에 동독의 장벽을 허물면서 가시화되고 이후 세계정세는 탈이념화로 급속히 치닫는다. 이 여파는 한국의 독립영화의 향방을 전환시키는 데에 결정적인 영향을 미친다. 1990년대 초반을 벗어나면서 민중영화가 주류를 이루었던 한국 작은영화계의 지형도가 변화하기 시작한 것이다.

변화하는 한국독립영화

개인영화로서 독립영화의 등장

미소 냉전시대가 종말을 고하고 첨예한 이념논쟁이 끝난 시기인 1990년대를 시점으로 한국의 작은영화에도 변화가 나타난다. 민중문화운동의 성격을 굳건히 지켜온 1980년대의 작은영화가 인간의 삶을 풍요롭게 제공해야 할 영상매체로서 거듭나기 위해서는 작은영화의 제작 목적을 전환할 수밖에 없었다. 이제 탈이념화 시대를 맞이한 한국의 작은영화는 '개인영화'로서 각자의 주장을 영상으로 표출하고 영상적 행위로써 일상의 삶을 그렸던 1970년대의 단편영화로 되돌아가고 있었다.

단편영화는 시간이 짧은 영화가 아니라 자신을 둘러싸고 있는 일상적인 문제를 영상으로 이야기하는 매체로서 인식되기 시작하였다. 예술적인 형식과 기교를 주장하는 유럽의 미학적인 실험영화도 부활하였고 중편의 새로운 형식의 기록영화가 본격적으로 만들어진 시기도 이때였다.

독립다큐멘터리 영화

독립영화 다큐멘터리는 1990년대 초반에 들어서면서 점점 활기를 띠기 시작했다. 현 한국독립영화의 활동현황을 그룹별로 분류하면 다음과 같다.

1. 기록영화를 제작하는 단체나 노동단체의 영상그룹.
2. 단편 극영화를 만드는 영화마니아그룹.
3. 극영화가 아닌 실험영화를 만드는 영화작가그룹.
4. 독립영화 애니메이션그룹 등.

이 시기에 독립영화 다큐멘터리의 붐은 「파업전야」의 파문에 힘입은 바 크다. 정부는 「파업전야」가 계급의식을 고취하고 파업을 선동할 우려가 있다는 이유에서 1990년 4월 6일 상영 첫날부터 수원을 시작으로 필름과 영사기를 압수하고 관람 중인 시민을 연행했다. 진보적인 예술단체인 한국민족예술인연합은 「파업전야」가 정확한 현실파악에 근거한 진지한 작업이 만들어낸 뛰어난 성과를 이룬 영화라고 평가하였다. 정부와 민족예술인연합의 「파업전야」에 대한 평가의 차이는 바로

「파업전야」(1990)의
한 상면.

이데올로기의 갈등이며 보수와 진보의 견해차라 할 수 있다.

당시 노동영화와 민중영화의 운동을 지속적으로 감행하는 독립다큐멘터리의 활동모체는 1991년에 결성된 '다큐멘터리 작가회의'였다. '장산곶매', '바리터', '노동자뉴스제작단', '서울영상집단', '노동자문화예술운동연합'의 연합체 조직인 '노동자영화 대표자회의'의 영화분과 소모임인 다큐멘터리 분과의 또 다른 이름이 다큐멘터리 작가회의로서, 도성희, 홍효숙, 변영주, 홍형숙, 신명화, 배효룡 등 참여자 거의가 여성들이었다. 그들은 울산현대중공업의 노조이야기를 영상화한 「전열」(1991년)과 대우조선 노조의 단체협상 투쟁기를 그린 「옥포만에 메아리칠 우리들의 노래를 위하여」(1991년)를 만들었다.

「전열」은 삶과 노동의 리얼리티를 구현하겠다는 제작의도와는 달리 노동운동에 대한 교육자료 혹은 선전물의 한계를 벗어나지 못했다. 노동운동권의 내레이션 내용과 등장인물들의 대화나 연설들은 일반인들이 이해하기에는 너무 낯설고 주요 인물들도 개성적이지 못했다. 사건과 상황의 전개는 어설

퍼 현장감마저 떨어졌다. 마치 현대중공업의 노조운동 보고서의 평가 같은 영상이었다. 주제의식이나 이야기로 보면, 「전열」은 현장에서 활동하고 있는 노동자와 노동운동가가 주된 관객층으로 이 작품은 대중적인 공간에서는 거의 상영되지 않고 약 500장의 비디오테이프로 복제되어 노동자문화예술운동연합과 관련 있는 대공장의 노동 현장에 배포되었다.

이보다 먼저 노동자 교육과 노동현장을 담아낸 다큐멘터리인 「노동자 뉴스」는 1980년대 말 노동운동 현장 사람들과 영상활동가들이 함께 만들어가는 프로그램이었다. 전국노동운동단체연합 등 노동운동 조직과 1989년에 결성된 노동자뉴스제작단이 공동제작자로 명시된 「노동자 뉴스」는 실제 제작과정에서도 양자가 현장의 노동조합, 노동운동 조직의 의견과 요구를 함께 토의·조정하여 내용을 기획하고 만들어갔다. 노동자뉴스제작단의 구성원들은 자신들 스스로 노동조합을 따라다니면서 그들을 도와주는 사람이라고 생각하지 않았다. 그들은 '노동운동하는 사람'이라는 정체성을 가지고 현장에서 요구되는 작업이 무엇인가를 고민했다. 그 결과 노동자뉴스제작단은 장르에 대한 것보다 노동자들과 어떻게 잘 소통할 수 있을까에 전념하였다 한다. 「노동자 뉴스」는 뉴스릴 형식이지만 대담이나 애니메이션 기법 그리고 뮤직 비디오도 활용하고 있다. 이처럼 장르를 제한하지 않은 것은 대중과 호흡하기 위해 무엇을 어떻게 보여주어야 하는가에 최선을 다했다는 뜻으로서 실제로도 큰 효과가 있었다. 그야말로 다양한 영상표현을 이용한 종합적인 교육과 선전활동이었다.

그러나 탈이념화 시대를 맞이한 독립다큐멘터리는 급속히 변화하기 시작하여 노동현장에서 벗어나 다양한 소재와 대상을 묘사하였고 그 방식까지도 변화하였다. 그들은 거대담론을 이야기하는 것보다 우리의 기억 속에 사라져가는 사람들을 통찰하기 시작했다. 우리의 관심 밖에서 살아가는 장기수를 그린 「어머니의 보랏빛 수건」(1995)은 새로운 다큐멘터리의 방식이다. 지속적으로 대상과의 관계를 맺으면서 대상물의 주체화를 시도한다는 점에서 1인 제작 시스템으로 만든 「상계동 올림픽」과 맥을 같이한다.

푸른영상과 민주화가족실천운동협의회가 공동 제작한 김태일의 「어머니의 보랏빛 수건」은 장기수를 비롯한 수많은 양심수들의 가족 이야기를 통해 우리 사회 양심수의 실태를 보여주었다. 영화는 1967년에 남파 공작원으로 잠입하다가 붙잡혀서 28년째 대전교도소에 수감되어 있는 신인영씨의 어머니 고봉희 여사(89세)가 길거리에 주저앉아 오래도록 오지 않는 버스를 기다리는 장면으로 시작한다. 사형에서 무기형으로 감형되어 10년째 복역하고 있는 김성만씨의 어머니, 그리고 45년 만에 세상에 나온 세세 최장기수 김선명씨와 그동안 단 한 번도 아들과 면회해보지 못했던 어머니의 상봉은 우리 현대사의 모습을 그대로 보여주었다. 자신의 신념을 꺾지 않는다는 이유만으로 40년 넘도록 감옥에서 지내야 하는 사람들과 이들을 기다리는 어머니의 시간은 멈춰져 있다.

「낮은 목소리」(1995).

이즈음에 푸른영상에서 변영주와 신혜은은 정신대 할머니들의 다큐멘터리 「낮은 목소리」 작업의 시초가 되는 「아시아에서 여성으로 산다는 것」을 만든다. 그러고 나서 기존 다큐멘터리 제작방식을 탈피하고 장편 필름작업을 통해 대중적인 상영 공간을 획득하고자 보임영화사를 설립하여 16㎜로 98분짜리 「낮은 목소리」(1995년)를 완성한다. 「낮은 목소리」는 나눔의 집에 살고 있는 할머니들의 이야기를 담았다. 제2차세계대전 당시 일본군의 위안부로 끌려갔던 할머니들은 이제 나눔의 집에서 서로 의지하며 아픈 상처를 어루만지며 살고 있다. 매주 수요일 일본 대사관 앞에서 일본의 사과와 배상을 요구하며 벌이는 집회, 그리고 종군 위안부로서 겪은 참상 고발은 할머니들의 일상이었다. 수요 집회라는 외부 활동과 나눔의 집에서의 일상이 공존하는 이 작품은 할머니들의 관점에서 역사를 서술하고자 노력하였고 역사의 증언자인 그들의 이야기를 꼼꼼하게 기록하였다. 「낮은 목소리」가 정신대 할머니에 대한 소개였다면, 「낮은 목소리2」(1997년)는 할머니들이 역사의 주인으로 당당히 살아가는 모습을 그린다.

다큐멘터리 전문 제작을 표방하는 서울영상집단의 첫 작품으로는 홍형숙의 「두밀리, 새로운 학교가 열린다」(1995년)가 있다. 이 작품은 당시 교육부의 소규모 학교 통폐합 정책에 맞선 경기도 가평군 두밀리 주민들과 아이들의 이야기를 다뤘다. 땅과 함께 살아가는 두밀리 주민들이 아이들의 학교를 지키기 위해 벌인 1년여의 투쟁기로 학교의 폐교가 결정된 후, 아이들의 학교를 만들기 위해 일일 교사로 나선 어머니들 모습은 진정한 교육의 의미를 묻고 있다. 객관적인 눈으로 교육의 현실을 바라보기 위해 주민들의 투쟁에 좀더 거리를 두고 이야기를 전개하는 이 작품은 다른 독립다큐멘터리들과 달리 싸움의 본질을 보고자 하는 통찰력과 노력이 돋보인다.

인간적인 개인의 문제들을 카메라에 담아가는 독립다큐멘터리의 변화는 해방 후 한 번도 제대로 언급된 적이 없었던 제주도 4.3항쟁을 정면으로 다룬 83분짜리 장편 다큐멘터리 「레드헌트」(1997년)를 만들어낸다. 한국현대사에서 처참한 학살을 경험해야 했던 제주의 4.3항쟁은 부산에서 지역의 전문 독립다큐멘터리 제작집단으로 활동하고 있는 '하늬영상'의 조성봉이 만들었다. 당시 생존자들의 기억을 통해 우리 역사의 어두운 과거를 정면으로 바라보는 이 작품은 생존자의 증언을 토대로 미군정 보고서나 당시 신문보도, 인터뷰, 자료화면 등의 방대한 내용을 설득력 있게 정리하였다. 조성봉은 4.3항쟁을 미국의 한반도 지배 전략과 청산되지 않은 친일파들, 우익청년단과 그것을 조종한 이승만 등 모두가 결부되어 있는 구조적 폭력의 결과로 보았다. 「레드헌트」는 국가보안법 시비에

말리면서 우리 사회의 레드콤플렉스에 대해 경각심을 불러 일으켰고 이어서 만들어진 「레드헌트2 − 국가범죄」(1999년)는 생존자 아홉 명의 삶을 따라가면서 이승만과 미국의 범죄 행위에 책임을 묻는다.

계운경의 60분짜리 DV(디지털 비디오)작품 「팬지와 담쟁이」(2000년)에서는 한 무리의 20, 30대 남녀가 한데 어울려 술 마시고 게임하는 유쾌한 자리에서 성주와 윤정이 눈에 띄게 다정한 모습을 보여준다. 어느 멜로드라마에서도 볼 수 있는 장면으로 시작하는 이 작품은 '웨딩드레스 제작 중 1, 2, 3' 등과 같은 소제목을 붙인 몇 개의 장으로 구성된 연애담이다. 그러나 성교육이라며 포르노 비디오를 보다가 "아이, 망측해라." 하면서 숨어버리는 순진한 36살 장애여성 윤정은 성생활과 임신, 출산에 문제가 없을지 산부인과에 가서 조마조마한 진찰을 받는다. 장남에 외아들인 애인을 둔 그녀는 2세를 생각해서 친구로 지낼 것을 이야기하지만 남자는 상대의 얘기에 어쩔 줄 몰라 미소만 지을 뿐이다. 결국 결혼식장에 웨딩드레스를 입고 들어가지 못한 채 영화는 끝난다. 다큐멘터리이면서도 '제작 중'이던 웨딩드레스를 입은 환상의 에필로그 장면으로 끝나는 것처럼, 장애 여성이 여성의 삶을 꿈꾸는 것은 영원히 '제작 중'이어야 하냐고 묻는 의미가 있다.

진정한 자유민주주의 국가에서 시민적 권리를 찾을 수 있는 방안을 찾아보자는 의도로 제작된 「주민등록증을 찢어라」(2001년)는 주민등록증의 실체가 국가에 의한 국민통제장치의 메커니즘임을 자각시킨다. 이 작품은 지문 날인과 주민등록제도에 반대하는 사람들의 의견과 활동을 보여주는 것과 동시에 감독 자신이 경찰청과 행정장치부 등 국가 기관을 찾아다니고 지문 반환과 개인 정보공개를 청구하는 일련의 시도를 통해 일상에서 국가권력의 실체와 맞닥뜨리는 과정을 보여준다. 한국독립다큐멘터리는 전통적으로 감독이 이미 벌어진 혹은 벌어질 것으로 예상되는 사건의 현장에서 그 사건을 기록하여 다큐멘터리 진정성을 전하는 가장 중요한 자료들을 얻어냈다. 「주민등록증을 찢어라」에서 감독은 없는 사건과 현장을 만들어내는 사람으로서, 현실을 관찰하고 기록하고 개입하기 위해 현실을 촉발시키는 적극적인 행위를 하는 '나'를 등장시킨다.

'바리터'의 멤버인 김소영의 75분짜리 DV작 「거류」(2001년)는 한반도 남쪽 지역에 사는 평범한 여성들의 이야기이다. 감독의 할머니는 결혼하면서 고향을 떠나 남쪽으로 이주한다. 이처럼 여성들의 삶은 자신의 의지라기보다는 타인에 의해서 좌우된다. '남의 나라 영토에 머물러 삶'을 말하는 「거류」는 여성 이주의 역사 쓰기이다. 남쪽 지역에서 만난 다양한 나이와 계층의 여성들, 예를 들어 언문에 능통했던 할머니, 모두 떠난 집에서 홀로 글을 읽는 어느 할머니, 부모님이 하던 찻집을 계속해서 운영하는 30대의 여성, 중국에서 건너와 중국집을 운영하는 여성, 그리고 영화를 만들기 위해 고군분투하는 「거류」의 여성 스태프들에 이르기까지 어딘가에서 떠나왔으며 또 떠나가고 있는 여성들의 이야기이다.

박기복의 105분짜리 장편 「영매-산 자와 죽은 자의 화해」 (2002년)는 미신으로 천대와 오해를 받으며 현대화의 물결 속에 사라져가고 있는 우리 무속의 세계를 성실하고 따뜻한 시선으로 기록한다. 감독은 1년 가까운 시간 동안 전라남도 진도군에 머물면서 세습무를 하고 있는 채둔굴, 채정례 자매를 취재했다. 단아하면서도 푸근한 소리와 몸짓으로 산 자의 한을 위로하고 죽은 자의 넋을 달래주는 세습무의 세계가 전라남도의 농촌과 넉넉한 자연을 배경으로 아름답게 펼쳐진다. 여러 가지 굿의 종류와 의미, 굿의 과정과 소품 등에 대한 설명과 고증은 이 영화를 한 편의 인류학적 다큐멘터리로 볼 수 있게 한다. 이 영화는 잊혀져가는 한국 무속의 세계를 객관적인 시선으로 담담히 기록하는 한편, 우리와 거리가 먼 다른 차원의 영적 존재이기 이전에 해결해야 할 인생의 고비 그리고 눈물과 웃음이 있는 개인, 어머니이자 언니 그리고 딸, 마을 사람들의 든든한 삶의 조언자요 친구로서 살아가는 무당들 한 사람 한 사람의 모습을 바라보고 있다.

이미영의 83분짜리 DV작 「먼지, 사북을 묻다-1980년 4월 사북의 봄」(2003년)은 탄광 노동자들과 함께하는 이미영 감독의 작품이다. 대학교 시절 탄광촌에 갔던 인연으로 사북의 한 탄광촌의 폐쇄에 맞선 탄광 노동자들의 투쟁을 담은 「먼지의 집」이라는 첫 다큐멘터리 작품을 선보였던 이미영 감독은 제작 당시 탄광 노동자들에게 들었던 사북 항쟁의 진실을 찾아가는 여정이 담긴 「먼지, 사북을 묻다」를 만들었다. 1980년

4월 21일, 강원도 정선의 사북 동원탄좌에서는 열악한 노동 환경과 어용 노조에 맞선 탄광 노동자들의 항거가 있었다. 당시 언론은 '사북폭동'으로 매도했으며 이후 탄광 노동자들은 강제 연행과 고문에 시달렸다. 그들의 20년 세월과 진실을 찾기 위해 카메라를 들고 뛰어다니며 당시 탄광 노동자와 지역 주민들을 만나는 감독의 모습을 볼 수 있는 작품이다.

이상 1990년대 이후 독립다큐멘터리를 정리하면, 첫째, 다큐멘터리를 전문적으로 제작하는 집단의 인력들이 분화된 형태로 작품을 제작한다. 취재원과 좀더 깊은 관계를 시도하고 제작 기간이 오래 걸린 다큐멘터리들도 등장한다. 공동 제작의 틀을 벗어난 상황 때문에 전업 주부, 사회단체의 활동가, 학생 등 출신과 직업도 다양하다. 이들은 진보적 영상운동이라는 시대적 소명의식을 가졌던 이전의 제작자들과는 다른 생각으로 독립다큐멘터리를 만든다.

둘째, 다큐멘터리의 관심 영역은 다양해졌고 동일한 주제에 대해서도 다양한 시선을 갖는다. 1980년대 다큐멘터리가 사회적 주제를 담은 노동운동, 공동체, 양심수, 역사적 사건, 교육 등과 같은 큰 이야기에 초점을 맞췄다면, 새로운 다큐멘터리는 탈북자, 노숙자, 이주노동자, 장애인, 동물, 가족, 농민, 어민, 여성 등 의미 있는 소재로 채워졌다. 새로운 감독들은 일정한 가치관으로 사회적 화두가 될 만한 강력한 주제를 선택해야 했던 이전보다 주제 선택의 범위가 넓어졌고 사회적인 것에 대한 부담을 느끼지 않게 되었다.

셋째, 영화를 만드는 사람들이 직접 이야기의 주체가 되어 셀프카메라 형식으로 만든 다큐멘터리가 일반화되기 시작했다.

변화하는 독립영화

독립영화 다큐멘터리가 활발히 제작되던 시기의 극영화 부문은 변화된 현실과 작은영화 진영의 역부족으로 발전적인 후속 작업이 활발히 이어지지 않았다. 그러나 최고 권위를 가진 끌레르몽 페랑단편영화제에서 심사위원상과 비평가 대상을 받은 「호모비디오쿠스」(1990년)는 다른 경향의 작은 극영화로서 화제가 되었다. 이 작품은 텔레비전에 중독된 한 젊은이의 삶을 개성적인 스타일로 보여줘 수상하기 전부터 화제가 되었고, 수상 이후 운동적 성향이 퇴조해가던 작은영화계에 새로운 활기를 불어넣었다. 물론 현실의 변화와 영화에 대해 높아진 사회적 관심도 무시할 수는 없지만 1990년대의 작은 극영화는 빠르게 변신하고 있었다.

'영화제작소 청년'이 16㎜ 장편으로 만든 이상인의 「어머니, 당신의 아들」(1991년)은 학생운동권의 아들과 노점상으로 생계를 끌어가는 어머니와의 갈등을 그리면서 투쟁일변도의 민중영화에서 탈피하여 어머니의 인간적인 고뇌에 초점을 맞추고 있다. 아들 인영은 '남북한 통일정책 비교연구'라는 교지에 실린 글 때문에 지명수배를 받는다. 이 사실을 안 어머니는 수사기관을 찾아 가 아들의 선처를 빈다. 그러나 수사관들은 어머니의 모정을 이용해 아들의 동료를 잡아들인다. 이 외에도 이상인은 학생운동권과 관련된 영화를 몇 편 만들었지만 미국에서 영화공부를 한 이후 만든 「낙타 뒤에서」(1996년)에서는 내러티브의 흐름을 차단하기 위해 여러 양식을 사용하여 관객의 적극적인 참여를 유도하는 등 전혀 다른 영화 만들기에 눈을 뜬다. 그는 영화의 형식과 전달의 가능성 등에 관해 고다르 식으로 질문하였다. 이 영화는 개인주의가 극단적으로 흘러가는 자본주의 사회에서 일어난 어리석은 살인사건을 소재로 하였다.

김종규의 「학교가는 길」(1991년)은 어린이 자폐증 환자를 관찰하고 있다. 자폐증은 점점 다원화되는 현대 사회 속에서 저마다의 사회적 역할 수행에 대한 집착으로부터 생기는 인간소외의 한 현상이다. 과연 무엇이 어린이들로 하여금 주변 환경을 두려워하게 만들고 소외행동을 하도록 만들까? 전형적인 자폐증을 앓고 있는 어린 주인공을 중심으로 가정 및 사회에서 심각한 어린이 소외문제의 원인과 해결방안을 모색하고 있다.

김윤태의 「Wet Dream」(1992년)은 우기 동안에 행해지는 장례의 삼일 동안 한 남자가 꾸는 몽환적인 꿈을 통해 푸른 심연에 대한 심상들을 혼재시킨다. 회화적인 이미지 중심의 작품을 만들고자 인물, 대사, 이야기를 제외시킨 신체의 사물화과 사물의 상징화를 강조하여 조명과 색채, 음영의 대비를 중시하였다. 관능적인 이미지와 사멸한 신체의 혼재를 염두에 둔 이 영화는 한편으로 1980년대의 강박적인 체험을 상기시 킨다.

김미정, 윤석윤의 「향수」(1993년)에서는 도시 생활에 지친 가출소녀가 고향을 떠나온 지 10년 만에 다시 그곳을 찾는다. 그녀는 가출한 뒤 소식 한 자 전하지 않았지만 정작 고향을 대하니 정겨움에 빠져든다. 그러나 마을은 예전과 달라져 있고 자신 때문에 부모님이 돌아가셨다는 충격적 소식을 접하게 된 그녀는 죄의식을 느끼며 회환에 사무친다. 김성수의 「비명도 시」(1993년)는 익명화된 도시에서 겪는 고독과 폭력을 스타일 리스트의 감성으로 담은 수작이다. 그는 이 작품에서 느낀 영 화적 감성을 「런어웨이」「비트」로 확장시켜 성공한다. 육상효 의 「슬픈열대」(1994년) 역시 도시인의 메마른 일상의 삶을 타 인에 대한 막연한 경계심이라는 소재로 풀어낸 단편 블랙코미 디이다.

봉준호의 「지리멸렬」(1994년)은 '사실성'의 획득을 목표로 한다. 한국단편영화사상 보기 드문 유머정신을 보여준 작품으

「비명도시」(1993)의 한 장면.

로 평가받는 이 작품은 위선과 오해로 가득 찬 우리의 일상생활을 유쾌하게 건드린다. 슬랩스틱 코미디나 작위적인 해프닝의 분위기로 흐르는 것을 최대한 피하고 화면분위기나 연기 스타일을 매우 사실적으로 표현하는 데 역점을 뒀다. 또한 인물들이 보여주는 행동은 아주 조잡하고 졸렬하지만 그것을 담는 화면구도나 배경음악은 일체의 흐트러짐이 없이 근엄하고 수려하여 묘한 긴장감을 느끼게 한다.

이처럼 1990년대 초 단편영화의 작품경향은 확실히 변화하고 있었다. 이 시기에 때맞춰 1994년에 개최된 서울단편영화제는 제3회까지 지속되면서 독립영화계의 지형을 빠른 속도로 뒤바꾸는 데 크게 일조하였다. 운동성의 영화는 거의 배제되었고 단편영화라는 순수 영화의 부활을 촉진하였다. 서울단편영화제가 폐지될 즈음인 1996년 독립영화를 소개하고 관객들과 만날 수 있는 창구역할로서 등장한 '인디포럼'은 김성숙, 김윤태, 이지상, 임창재 등이 주도한 이후 지금까지 지속되고 있다. 인디포럼은 서울단편영화제와의 차별화를 독립영화 작가들의 커뮤니티를 형성하는 장으로서 기능하는 데 두었다.

서울단편영화제에서 수상한 몇 작품을 소개하자면, 임순례 감독의 「우중산책」(1994년)은 개인적 삶, 우연성과 불확실성, 정돈된 영화적 표현법으로 요약된다. 이 영화는 서른을 넘기고 혼기를 놓친 한 노처녀의 이야기다. 변두리에 위치한 지하의 동시상영관에서 일하는 매점직원이면서 매표원인 그녀는 맞선 보기로 한 남자가 찾아오길 기다리고 있다. 후덥지근한

「우중산책」(1994)의
한 장면.

여름 날씨의 나른한 오후, 지루한 시간을 기다리는 그녀는 얼핏 근사한 남자가 영화관 앞을 지나가는 것을 발견하고 갑자기 쏟아지는 소나기를 뚫고 쫓아가지만 허탕치고 돌아온다. 영화관에는 오늘 만나기로 한 사내가 기다리고 있다.

김본의 「모범시민」(1995년)은 진실이 망각되고 허위가 그 자리를 메우는 신제국주의시대의 힘의 논리가 판치는 사회에 저항하는 잠재의식을 표출한다. 미국에서 청년기를 보내고 교육받은 딕은 한국인이라는 존재의 나약함에 분노와 오기를 느끼며 절망한다. 똑똑하지만 힘이 없는 소수민족인 딕은 자본주의 사회인 미국에서 모순의 덫에 걸린다. 막대한 부채를 안은 채 대학을 졸업한 딕은 현실의 무게 앞에서 좌절하는 미국 젊은이들의 초상이다. 이런 현실에도 엘리트교육만을 강요하는 한국계 부모들은 딕의 반발의 대상이 된다.

1980년대 운동권 후일담에 가까운 정지우의 「생강」(1996년)은 여성들의 들풀 같은 생활을 보여줌으로써 모성애에 기반한 여성의 강인함과, 그것을 담보로 여성의 인내와 수고를 요구하는 우리 사회의 가부장적 성의 구도를 그려내고 있다. 한 푼이라도 더 벌고 더 절약하기 위해 악을 쓰는 아내는 항상 가슴에 커다란 구멍이 뚫린 듯하다. 언제부턴가 남편과의 대화도 끊어지고 밤새 이어지는 남편과 동료들의 술자리에는 알아들을 수 없는 웅얼거림만이 있다. 새벽이 오면 그들은 떠나고 아내는 술상을 치운다. 세상도 변했고 남편은 지쳐버렸다.

서울단편영화제 수상작의 작품 경향을 보더라도 1990년대 중반을 넘어가면서 독립 극영화는 개인의 삶에 대해 관심이 커진다. 이 시기 형성된 다양한 경향들은 지금까지도 추가되면서 존속되고 있다.

나기용의 「SUBWAY」(1995년)는 거대한 도시의 심장부 아래로 거미줄처럼 펼쳐진 지하철을 다룬다. 그 혈맥의 공간은 우리의 모습을 투영하는 푸른 빛의 거울이다. 날로 비대해져가는 도시의 콘크리트 그 아래로 빠르게 이동하는 얼굴 없는 군중은 서로를 잊은 채 욕망의 기호적 이끌림에 흘러가는 마네킹이다. 지하철을 소재로 현대 자본주의 사회의 구조와 현대인을 상징적으로 그리고 있다. 정동희의 「병아리」(1995년)는 애니메이션으로 제작한 어린이영화다. 어린시절 동심의 세계에 비친 바깥 세상의 한 단면을 그리고 있다. 천진무구한 아이들의 정서가 투영된 병아리는 인위적인 손길 때문에 죽는다. 어른들의 물신주의적 사고로 인해 상처받는 동심의 세계에 카메라의 초점은 맞춰져 있다. 선묘와 색면을 나누어 각각의 특징적인 기법을 살리고 있다.

전승일의 「연필 이야기 시리즈」(1995년)는 무엇인가를 사고하고 자유롭게 장난치며, 그리고 지울 수 있는 의인화된 연필캐릭터를 통해 인간의 본성이라 할 수 있는 호기심, 상상력, 탐구정신 등을 애니메이션화한 컴퓨터그래픽으로 제작되었다. 동국대의 영화동아리 '디딤돌'이 만든 「병사의 화두」(1995년)는 꽉 막혀버린 도시 속 인간, 군대 그리고 병 안에 든 새를 보여주며 무엇으로부터 탈출을 시도한다. 희망의 여지마저 꿀꺽 삼켜버린 시간 속에서 알콜 중독으로 손가락 속임수조차 하지 못하는 퇴물마술사와 마지막 휴가를 보내는 군인이 바라보는 세상을 단편적으로 그리고 있다.

　건국대의 '햇살'이 만든 「밤 풍경」(1995년)은 소박한 소품이다. 첫 번째 에피소드에서는 아무도 없는 운동장에서 농구를 하고 있는 소년이 서툰 솜씨지만 열심히 연습한다. 잠시 밤하늘의 별을 보고 슛을 하는데, 그 슛은 한 번도 해보지 못한 덩크슛으로 그 농구공이 혹시 별이 아닌지 소년은 밤하늘을 바라본다. 두 번째 에피소드는 인적 없는 거리를 걷고 있는 소녀를 보여준다. 소녀 뒤로 그림자가 바짝 따라오지만 가로등 빛이 이를 물리치고 소녀는 안도감을 느끼며 계속 길을 걷는다. 하지만 아까 그 골목엔 아직도 그림자의 흔적이 비춘다.

　고려대 '돌빛'의 「낙서」(1995년)는 현대 사회를 살아가는 인간을 다루고 있다. 허위와 위선이 가득 찬 사회 속에서 자신의 의사를 전달하는 데 어려움을 겪는 주인공의 유일한 비상구는 낙서이다. 영화는 이미지를 중심축으로 하나의 구조를 이루고 있다. 정동희의 컴퓨터 애니메이션 「OPEN」(1996년)은 갇힌 공간에 사는 한 성냥을 통해 인간의 소유욕, 미지의 세계에 대한 동경을 은유적으로 그렸다. 김홍석의 「낙하산」(1996년) 역시 덮어버릴 수 없는 우리 사회의 구조적 단면을 환기시키고 있다. 물질주의와 언론에 의한 정보만능으로 인해 사회의 어두운 면은 오히려 무관심 속에서 망각의 늪으로 서서히 가라앉고 있다. 김대종의 「2010 : 레퀴엠」(1996년)은 표현주의적인 우화로서, 검열에 관계하는 통제와 억압 속에서 자신의 정당성을 부여하는 검열관과 이를 무저항적으로 받아들이는 제도권 영화 및 영화인들에 관한 비판이다.

손태웅의 「필통낙하시험」(1996년)은 필통을 아파트 계단에서 떨어트린 기억과 고통스런 시험의 시간이 충돌하는, 해맑은 소녀의 어지러운 하루 이야기다. 기발한 발상과 완성도를 보여주며 이미지와 내러티브, 소리의 조화가 돋보인 작품이다. 이기영의 「담배」(1997년)는 담배의 이미지를 한 발짝 옆에서 종이그림으로 그려낸 흥미로운 관찰기이다. 나이를 먹어가면서 변해가는 담배의 이미지를 일상적 시간과 함께 묘사해냈다. 유상곤의 「길목」(1997년)은 바닷가 마을의 허름한 가게에 사는 늙은 여자와 한복집에서 일하는 젊은 여자가 존재하는 공간에서 삶의 이면과 내면을 엿본다. 애니메이션 단편인 이성강의 「덤불 속의 재」(1998년)에서는 우연히 UFO를 목격한 주인공이 이상한 힘에 의해 자신의 몸이 찢겨지는 환각에 시달린다. 격렬한 환각 끝에 자살한 그는 죽음 이후에 반쪽 몸들이 배회하는 이상한 땅에 서 있는 자신을 발견한다.

정재은의 「둘의 밤」(1999년)은 두 여고생의 우정과 방황을 그리고 있다. 두 주인공의 서로 다른 취향과 성장환경은 균열을 예고하고 있다. 감독의 대중영화 데뷔작 「고양이를 부탁해」에 이어지는 예민한 수작이다. 조의석의 「판타트로피칼」(1999년)에서는 물고 물리는 살인극을 보여준다. 놀이공원 화장실에서 조직의 똘마니가 된 소년들이 돈 가방을 사이에 두고 게임을 벌인다. 친구 사이의 배신을 MTV영상으로 경쾌하게 풀어본 단편이다. 동성애를 다루는 소재가 금기시된 이 사회에서 이송희의 「슈가힐」(2000년)은 색다른 갈등을 보여준다. 결혼 압박에 시달리는 동성애자가 연인의 누나를 아내로 맞는다. 누나는 결국 남편과 동생의 관계를 알게 되고 유보의 시간을 보낸다. 자신들을 드러내지 못하는 이들의 갈등을 섬세하고 밀도 있게 담으려고 노력한 작품이다.

김지현의 「웃음」(2000년)에는 애매한 웃음만이 존재한다. 며칠 사이에 두 명의 남자에게 차인 여주인공이 직접적인 결

「슈가힐」(2000)의
한 장면.

별선언이 없는 헤어짐의 에피소드를 다시 뒤져 변심의 순간과 아이러니를 재발견하는 흥미로운 작품이다. 사람을 이해하는 또 다른 작품으로 장명숙의 「오후」(2001년)가 있다. 어느 맑은 오후, 사진작가 명주에게 우연히 만난 청년이 인사를 한다. 그녀는 청년의 뺨에 있는 흉측한 상처를 보고서야 그를 찍었던 기억을 떠올린다. 사람을 이야기하는 작품을 찍는 사진작가로서 자신이 사람을 얼마나 이해할까 회의를 느낀다.

독립영화의 장편화 경향

이제 다양한 소재의 단편영화는 새로운 돌파구를 모색하고 있었다. 그러나 하고 싶은 이야기들을 충분히 하고자 하는 욕망에 밀려 독립영화의 장편화가 시도되기 시작한다.

장희선의 16㎜ 54분짜리 「고추말리기」(1999년)는 여성 삼대의 이야기다. 열아홉에 시집와 화장이라곤 하나도 모르고 집안일만 하다 칠순을 넘긴 할머니, 집안일보다는 바깥일로 바쁘지만 딸 희선이가 살 빼서 시집갔으면 하는 오롯한 바람을 가진 엄마, 영화를 한다지만 집에서는 게으르고 잠만 자는 백수 같은, 그러

「고추말리기」(1999).

나 나름의 아픔이 있는 딸 희선. 이렇게 여성 삼대가 볕 좋은 9월, 할머니의 주관으로 이름도 상징적인 고추말리기 행사를 시작하고 한 집에서 옥식각신 부딪힌다. 언뜻 보면 드라마 같지만 달리 보면 다큐멘터리 같은 이 영화는 장희선 감독 자신을 제외하고 영화에 등장하는 엄마, 할머니는 실제 인물이다. 또한 제작 과정을 담은 거친 다큐멘터리 화면과 16mm로 촬영된 극영화 방식을 교차하는 양식실험은 픽션과 논픽션의 경계를 넘어서서 영화적 리얼리티를 성취하고 있다.

김진영의 52분짜리 DV작품「땅, 밥 만들기」(2000)는 땅과 농사에 관한 영화다. "10년 뒤 우리 집 농사는 누가 짓지?"라는 소박한 질문으로 출발한 감독은 5남 2녀를 둔 농민의 막내딸이다. 그녀는 농번기에 농사일을 돕기 위해 모이는 자신의 남매들과 부모님의 갈등에 카메라를 들이댄다. 수십 년 동안 농사를 지어온 부모님은 땅과 농사일을 포기하려 하지 않는다. 이앙기가 잦은 고장을 일으키면서 농사가 고되다는 것을 새삼 확인한 아들은 그 일을 고집하는 부모에게 화를 내고, 아들, 딸, 사위, 며느리들은 가족회의를 통해 부모님께 농사를 그만둘 것을 권유한다. 그러나 영화가 드러내는 주제는 단지 농심에 대한 것으로 그치지는 않는다. 개인사, 가족사를 다루면서 사회적 함의를 풀어놓기란 쉬운 일이 아닌데, 이 영화는 하나의 교범이 되고 있다.

김민정의 67분짜리 비디오「성매매 거리에서 쓴 꿈에 관한 보고서」(2000년)는 13년 동안 매춘 여성들의 인권 보호와 사회

복귀를 위해 일해온 '매매춘근절을 위한 한소리회'가 '장수하늘소'와 공동 제작하였다. 매춘여성들이 직접 출연하여 자신의 꿈을 이야기하는 이 영화에는 여덟 명의 전·현직 매춘 여성들이 등장한다. 어둠 속에서 자기의 삶을 제 목소리로 이야기하는 그들 중에는 자신보다 못한 사람들도 있다며 장애인들을 돕고 살고 싶다는 수정과, 죽은 친구로 인해 황망함을 감출 수 없는 자옥의 얼굴이 있다. 매춘여성들이 말하는 자신의 이야기뿐만 아니라, 2만 원에 몸을 산 뒤 서비스가 부족하다며 경찰에 신고해 구류를 산 60대 남자와 작품에 출연한 여성과의 대화 소리를 몰래카메라에 담은 것도 있다. 이 작품은 사창가 여성들의 삶이 꾸는 꿈에 관한 보고서로서 현실을 고스란히 드러낸다.

다양화하는 독립영화의 권역 활동

독립영화의 특별한 권역 활동도 기지개를 펴고 있었다. 그것은 1996년부터 시작된 인권영화제와 1997년도에 개최한 서울퀴어영화제다.

인권운동사랑방이 인권의식의 확산과 인권교육을 목표로 개최한 인권영화제는 세계 각지에서 자유와 인권을 위하여 투쟁하는 모습을 담은 영상물을 발굴하고 소개하고 있다. 초창기부터 당국의 탄압을 받으면서도 꾸준히 열리고 있는 이 영화제는 1999년 제4회부터 올해의 인권영화상을 마련하여 「열대야」를 첫 번째 수상작으로 뽑았다.

당국의 금지령에도 불구하고 관객동원에 성공한 서울퀴어영화제는 동성애에 대한 비뚤어진 우리 사회의 편견을 바로잡자는 의도로 열렸다. 그러나 영화제가 끝난 후의 대체적인 반응으로 비춰볼 때 섹시한 이벤트에 불과했음을 지울 수 없다. 이 영화제는 동성애자의 직접적인 삶과 연결되지 못하고 지식인들의 고상한 문화적 향취를 과시하는 데 그치지 않았나 하는 회의감이 든다.

현 한국독립영화의 작품현황

한국독립영화가 몇 가지 변화를 겪으면서 변모한 것은 사실이지만 그것은 뚜렷한 현상적 변화도, 본질적인 변화의 추구도 아니었다. 이미 소개한 작품 이외에도 전문성을 지향하는 독립영화그룹들이 만들어낸 작품은 몇 가지 경향으로 분류할 수 있다.

현 한국독립영화의 작품현황을 정리하면, 첫째, 일명 '십만원 비디오'라는 타이틀로 만들어진 대부분 습작에 가까운 작품들이다. 독립영화계의 B급영화라 할 수 있는 이 영화들은 영화 제작기술과 독립영화계의 어떤 질서까지도 무시한 채 어설프고 조악하게 이야기를 풀어놓는다.

2000년대 이후에는 퍼블릭 엑세스 시민영상제가 주도하는 시민참여로 만들어진 다양한 매체의 독립영화도 출현하고 있다. '퍼블릭 엑세스'란 방송을 통해 다양한 계층의 사람들이 자신의 주장을 펼칠 수 있도록 하는 권리를 말한다. 방송제작에 직접적으로 참여할 수 없던 시민들이 직접 카메라를 들고 프로그램을 제작하고 방송할 수 있는, 즉 일반대중이 방송을 통해 표현의 자유를 누릴 수 있는 새롭게 등장한 열린 방송 개념이다. 통합방송법 제51조에 의해 KBS에서 월 100분의 시청자참여프로그램을 방송하도록 법제화함에 따라 시청자들이 제작한 프로그램이 방송되고 있다.

둘째, 개인의 삶 또는 그 단면을 통해 사회문제를 다룬 작품들로, 어린이의 지우개 따먹기 놀이를 사회문제와 연관시킨 민동현의 「지우개 따먹기」(1999년), 맞벌이 부부가 자물쇠를 채우고 일을 나간 후 방에 갇힌 아이가 지루함을 견디다 못해 창문을 통해 들어오는 햇빛을 자르는 놀이를 하다가 어린 동생을 죽인다는 김진환의 「햇빛 자르는 아이」(1997년)가 여기에 해당한다. 이 외에도 아버지의 제삿날, 실업자인 주인공이 제수를 마련하느라 애쓰는 일상을 그린 박홍식의 「하루」(1999년), 부도로 자살한 일가족을 그린 송일곤의 「소풍」(1999년), 1981년을 배경으로 뒷골목의 우울한 고등학생들의 일화를 우스꽝스럽게 그린 김동원의 「81, 해적 디스코 왕 되다」(1999년) 등이 있다.

셋째, 사회 속에서 고립되어가는 한국 젊은이들의 모습과 그 비판의식을 보여준 작품들로, 임필성의 「소년기」(1999년)는 사춘기 시절의 신체적 열등감과 성적 호기심 그리고 가족

사이의 불화를 다루고 있다. 낙오되었을 뿐 아니라 사랑조차 막혀버린 20대의 지루한 일상을 담은 조범구의 「장마」(1997년), 목욕탕 때밀이의 나른한 생활을 그리면서도 풋풋한 희망을 끝내 버리지 않는 이하의 「용산탕」(2000년), 서울 생활에 지친 나머지 술집 여자와 함께 고향에 내려온 이후의 우화와 해피엔딩을 그린 김원태의 「영자」(2001년), 자연의 소중함 등에 대해 끊임없이 주장하는 계몽성 영화로 오점균의 「비가 내린다」(2001년) 등이 여기에 해당된다.

넷째, 예술영화로서 정돈된 내러티브와 디테일까지 뛰어나게 표현한 작품이나 스타일상 독특한 표현에 치중하여 단상의 표현을 쉽게 이해하기 힘든 관념적인 작품들이다. 시한부 생명인 여동생의 생명을 두고 외줄타기를 벌이는 광대의 모습을 풍부한 이미지로 그리면서 절망적 상황에 대한 냉소를 담은 엄정석의 「광대버섯」(1999년)과 정신박약아인 딸을 오토바이에 태우고 달리는 노인의 모습을 통해 황량한 삶에 관해 묘한 분위기를 자아내는 유상곤의 「체온」(1999년), 그리고 한 남자를 사이에 둔 두 여자 친구들의 이야기를 극악한 순간까지 밀고 나가는 김지현의 「연애에 관하여」(2001년), 강제 퇴직과 원조 교제 등을 소재한 하연주의 「산성비」(2001년) 등이 여기에 속한다.

다섯째, 판타스틱하고 엽기적인 경향의 신세대 영화로서, 이들 영화는 영화의 기본적인 제작기술은 물론 이야기의 논리성이나 미적 일관성마저 무시한 채 점프 컷, 비약, 돌발적인 반전 등으로 이루어졌다. 이 영화들은 기존의 가치관을 뒤엎으며 아나키스틱한 세계관을 드러내보인다. 자식에 대한 지독한 애정을 가진 엄마와 아들의 전도된 관계를 엽기적으로 묘사한 김정구의 「엄마의 사랑은 끝이 없어라」(1997년), 염소를 매개로 스님의 욕정을 우화화한 신한솔의 「염소 가족」(2001년), 한국 사회의 어지러운 성 풍속도를 비판의식과 만화적인 상상력으로 풀어낸 남기웅의 「대학로에서 매춘하다 토막살해당한 여고생 아직 대학로에 있다」(2000년), 정해진 시간 동안 섹스만을 추구하는 남녀들의 파편적인 이야기들을 끌어 모은 이지상의 「둘 하나 섹스」(1998년)와 그 연작인 「돈오」(1999년) 및 「그녀 이야기」(2001년), 비현실적이고 논리적 개연성이 없는 에피소드들을 산만하게 엮은 강론의 「이소룡을 찾아랏!」(2001년) 등이 있다.

이상 한국 독립 극영화를 다섯 가지 범주로 나눈 것은 작품 경향으로 보는 분류에 지나지 않는다. 현 한국독립영화를 구체적이며 체계적으로 서술하기 위해서는 독립영화의 성격분류 방식이 유효하다. 우선 크게 비상업적이며 비개념적인 비제도권의 영화와 저예산제작시스템의 작가영화로 나눈다. 그리고 세분화된 분류로서 영화내용별 패러다임의 패턴과 스타일 그리고 영화형식에 따른 장르 분류도 요구된다. 무엇보다도 한국독립영화를 바라보는 시각을 바로잡아야 한다. 필름사이즈와 상영시간의 길이에 따른 한계를 인식하여 35㎜ 단편영화를 만들려고 시도한다든가 일반영화처럼 긴 장편영화를 16㎜로 추구하는 등 작은영화의 본질을 망각하는 시도는 비제도권의 비상업영화라 할지라도 독립영화의 성격에서 벗어난 것으로 보아야 한다.

한국독립영화의 미학과 정체성

한국독립영화의 개념

한국에서 '독립영화'란 용어가 공식적으로 쓰인 것은 1990년 '한국독립영화협의회' 발족 당시였다. 1998년 '한국독립영화협회'의 창립으로 한국독립영화는, 문민정부 동안에 전개되었던 절충적인 민주화 속에서 독립영화에 가해진 탄압과 사회 전반의 보수화 현상 그리고 트렌드화된 독립영화 등 복잡한 맥락 안에서 독립영화의 운동성과 상품성의 절묘한 타협을 시도하고 있었다.

한국독립영화협회의 창립선언문은 "독립영화는 무엇인가?"라는 물음에서 "시대에 따라 독립영화의 겉모습이 변하더라도 그 밑바닥 정신만은 이어지고 지켜져야 한다."라는 말로 시작한다. 이 서두는 서구의 독립영화사가 실천해온 독립영화의 존재론적 실체를 지적하고 있다. 이어서 독립영화는 검열을 거부하고 자본을 적게 쓰는 일만을 의미하지 않으며, '독립'은 그 무엇을 위한 일일 때 그 의미가 완성된다고 주장한다. "화려하고 기름진 화면보다는 치열하고 정직한 장면들로 새로운 영상언어를 만들기 위해 우린 상투적 영화공식으로부터 독립을 선언한다"는 말도 서구 독립영화의 본질을 동의반복하고 있는 것처럼 들린다.

필자는 이 지점에서 영화를 누가 생산하고 배급하며 지배하는가에 대한 영화의 주체적 시각에 대한 논란보다 영화의 미학적 혁명에 대한 논란이 곧 영화예술의 주체적 논의임을 강조하고자 한다. 이것은 1980년대 민중영화 방식으로 회귀하는 영화운동성과 이념성을 아직도 못 벗어나고 있는 1990년대 한국독립영화에 대한 반성을 촉구하는 것이다. 1980년대 한국독립영화는 출발부터 정치적 투쟁의식으로 무장하여 신성한 한국독립영화 존립의 추구를 편견으로 얼룩지게 하였다. 이 얼룩진 편견을 궤도 수정하기 위해서는 '한국민족영화'의 개념부터 정리할 필요가 있다.

한국민족영화의 개념

한국민족영화는 일제 치하에서 보여준 반제국주의적 영화

활동에서 그 유래를 찾을 수 있다. 그리고 그 범주는 '민족문화'를 유지하고 그 문화를 창조한 민족의 우월성을 고취하는 '민족정신'의 함양과 그 실천에서 모색되어야 한다. 오늘날 한국민족영화의 개념 역시 외세에 대항해서 민족문화와 민족의 우월성을 과시하고, 분단된 조국의 현실을 극복하기 위해 단일민족의 정신을 구현하는 영화예술의 추구를 가리킨다.

우리의 '민족주의'의 전통을 상기한다면, 일제 치하에서 줄기차게 전개했던 독립운동은 내셔널리즘의 한 성격인 '식민지 내셔널리즘'으로 규명되며, 동시에 '민족주의', '국가주의', '국민주의'를 배격하는 제국주의에 대항한 '반제국주의적 민족주의'이다. 다시 말해서 우리의 민족주의는 일본제국주의에 빼앗긴 조국의 독립을 쟁취하고자 민족문화의 전통성과 그 우월성을 보존하고 민족단결을 촉구하는 민족정신의 함양과 그 활동이었다. 해방 후 우리 민족주의는, 외세를 견제하고 우리 전통문화와 그 우월성을 확대시킴으로써 독립된 국가로서의 입장을 세계만방에 표방하는 국가주의와 그 국가의 주권이 국민에 있음을 주장하는 '민주주의적 민족주의'로 발전하여 왔다.

일제시대 이후, 구체적인 민족문화의 실천이 오랫동안 단절되었던 우리의 민족의식은 1970년대에 들어서면서 전통문화의 계승발전이라는 대과업을 수행하며 새롭게 부각되었다. 그것은 전통문화의 살아 있는 주체가 민중임을 인식하고 민족의식을 구현하는 범국민적 문화운동을 전개하는 원동력이 되었다. 하지만 1970년대 '민족문화운동'은 그 성격이 변모되어

민중을 탄압하는 독재정치에 대항하는 '민주화운동'으로서 정치화되면서 이데올로기 투쟁이 되었다. 그 결과 1980년대에 들어서면서 민족문화운동은 조직과 사상을 갖추고 구체적으로 실천해나가기 위한 '민중문화운동'으로서 '민중영화' 또는 '민족영화'라는 새로운 장르를 태동시켰다.

민족영화로서의 민중영화

한국 민중영화의 시작은 서울대학교 얄라셩이 집단적인 공동창작을 통해 한국영화의 새로운 돌파구를 염원한 데에서 찾을 수 있다. 그들은 한국영화의 새로운 탄생을 열망하며 이 땅의 영화가 일반대중 속에서 함께 있지를 못하고 물신의 노예가 되어 방황하는 현실을 질타하고 이 시대의 영화는 모든 영상의 본체로서 외래의 것, 특권의 것이 아닌 주체적이고 민중적인 언어로 회복되어야 할 것을 요구하였다. 새로운 한국영화의 탄생을, '외래문화'에 밀리지 않는 우리 문화의 우월성을 회복하고 우리 문화의 주체로서 특권층이 아닌 대중을 인식하는 '민족영화'로 선포한 것이다.

그러나 1980년대의 영화운동은 '민족민중영화'의 개념을 혼란케 하였다. 민족영화연구소의 '민족영화'는 노동계급의 변혁이념인 민족해방을 내세우고 있고 노동계급이 주도하는 민중을 그 주체로 하며, 민족영화운동은 사상, 조직, 실천에서 노동계급운동의 지도성을 수용하고 노동계급운동의 전략과 기술에 복무하는 것을 가장 중심에 두어야 한다고 정의되고 있다. 즉, 그들의 민족영화는 '노동계급'인 민중이 주체가 되어 '노동계급운동'의 실천에 복무하는 전술적 무기로서의 영화였다.

이들과 유사한 민족영화의 개념들은 프롤레타리아적 혁명을 목적으로 한 수단으로서 영화의 무기화를 주장하는 공산주의 영화정책을 따르고 있었다. 한 마디로 이들이 주장하고 추구하는 '민족영화론'은 북한의 영화예술정책인 사회주의적 사실주의(프롤레타리아), 당성의 원칙(조직정책), 계급성의 원칙(노동계급), 인민성의 원칙(민중주체), 현대성의 원칙(현안문제)을 신봉하고 표절한 것에 불과하다. 더욱이 김일성 '주체문예이론'이나 김정일 '영화예술론'을 그대로 수용하는 태도는 단호히 지탄받았어야 함에도 불구하고 한 시대의 민족영화사상으로서 군림하였다.

영화가 시대에 따라 변천함은 역사가 잘 가르쳐주고 있다. 분단 상황 아래의 한국 '민족영화'는 그 몸체가 두 개의 이념으로 자리 잡은 관계로 쉽게 결론 내릴 수는 없다. 민족분단의 여타 문제에 대해서는 통일 이후 해결의 방향이 구체적이고 합리적으로 제시될 것이다. 현 한국영화계에서 민족영화의 등장을 요구하는 것은 '외래문화'로부터 짓밟힌 우리문화를 보존하고 우월성을 회복하기 위함이며, 그 주체로서 민중을 부각시키는 참 영화문화를 확립하기 위함이다. 따라서 민족영화의 좌표는 '자유민족국가'의 독립성을 인식하고 우리 문화와 민족의 우월성을 세계에 과시하며, 그 주체인 민중은 모든 국민을 가리키므로 남북민족의 통일을 염원하는 '민족주의'를 바탕으로 추구되어야 한다. 오늘의 민족민중영화 개념정립을 위해서는 여타의 논제도 논리적으로 비판 수용해야 하나, 그 전에 반드시 한국영화예술이라는 대전제와 우리 민족영화가 자리 잡고 있는 위와 같은 현실을 인식해야 한다.

이제 '한국독립영화의 개념'을 정리함에 있어서 독립영화의 본질을 왜곡시키고 조직의 이념적 실천을 위한 수단으로서 영화를 주창해온 1980년대의 영화운동에 대한 반성이 더불어 이루어져야 할 것이다. 동시에 민족민중영화의 나아갈 방향이 투쟁적 문화의 성취인가 아니면 정서적 함양으로서 문화의 향유인가에 대한 한국독립영화인들의 신념의 재확인과 인식 전환이 요구된다. 앞서 서구의 독립영화사가 보여준 바대로 서구 독립영화가 추구해온 그 실존적 의미는 1920년대 영화예술의 독자성 추구에서 1930년대 사회 비판적 시각으로의 전환, 1940년 중반 네오리얼리즘영화의 등장 이후 프리시네마, 누벨바그, 뉴아메리칸시네마 등 오늘에 이르기까지 예술성과 사회성을 각기 모색하는 다양한 독립영화(비제도권 영화)내지 작가영화(감독중심의 영화)에서 찾을 수 있다. 한 마디로 오늘의 독립영화는 헐리우드 영화시스템으로부터 독립한 비제도권 영화요, 이념적 조직으로부터 탈출하는 개인영화인 것이다.

이 시점에서 오늘의 한국독립영화는 1980년대식 독립영화로부터 해방되는 것이다. 이는 조직으로부터, 이념으로부터,

그리고 아마추어 기술로부터 탈피하는 것을 의미한다. 적어도 독립영화는 아마추어 영화와는 구별되어야 한다. 결국 한국독립영화의 개념은 "일반 상업영화와는 달리 순수 영화예술의 미학적 혁명을 통해 그 시대를 총체적이며 진실하게 바라보는 비제도권의 개인영화 내지 작가영화이다."라고 정의할 수 있겠다.

한국독립영화의 미학

민족영화연구소의 이효인은 독립영화에 대한 묵계적인 공공성 인정은 그간 사회적 민주화와 보조를 맞추려고 한 독립영화 창작의 결과에서 비롯된 탄압의 역사적 경험 때문이라고 주장한다. 또한 한국영화계의 제 문제를 해결하는 데에 독립영화 출신들의 출중한 역할이 심리적 근거로 작용했다고 한다. 그러나 그러한 경험이 현재 독립영화의 공공성 인정의 근거로 계속 발휘될 수는 없다고 본다. 그 이유로 1990년대 중반 전후 독립영화인들의 성향과 지향점이 다르다는 점을 들 수 있다. 그래서 필자는 독립영화의 공공성을 독립 다큐멘터리의 미학적 역할에서 찾고자 한다.

예를 들면, 기록영화제작소 보임의 「낮은 목소리」(변영주)는 종군위안부 문제를 공론화했고, 노동자뉴스제작단은 「노동자 뉴스」로 대표되는 노동계급운동과의 연대성을 추구하였다. 또한 서울영상집단은 「두밀리, 새로운 학교가 열린다」를 통하여 폐교 위기에 처한 시골 학교의 교육문제를 제기하였으며, 푸른영상은 「또 하나의 세상」으로 행당동 철거민들을 통하여 도시 빈민문제를 다뤘다. 독립영화제작사 '빨간눈사람'은 「애국자 게임」으로 퇴행적인 보수 집단의 애국애민 논리의 허위성을 그려냈고, 최진성은 「싸큐멘터리, 박통진리교」를 통하여 박정희 전 대통령의 평가를 둘러싼 심각한 반문을 던졌으며, 이미영은 1980년 사북 탄광사건을 역사적으로 재조명한 「1980년 4월 사북의 봄」 등으로 현실적인 문제를 제기하였다.

이러한 경향에 대한 비판적 지적은 제작자와 대상이 하나의 공동체로서 정치적·윤리적 관계를 맺고 이를 앞세움으로써 미학적 탐구가 뒷전으로 물러나는 현상에 모아진다. 물론 한국의 독립다큐멘터리가 이러한 현실 문제만을 다루는 것은 아니다. 채운경의 「팬지와 담쟁이」는 발육부진의 두 자매 일상을 통하여 신체적 불리함과는 별개로 그녀들이 가지고 있는 욕망과 허위의식 등을 편견 없이 담고 있는 화제작이다. 이 작품은 방송다큐멘터리가 관심을 갖지 않거나 다룰 수 없는 현실적 문제에 대해 발언함으로써 한국독립영화의 공공성을 유지하고 있다.

한국독립영화계는 한국상업영화계의 부정적인 측면을 극복할 수 있는 대안 세력으로서 다양한 영화문화를 주도할 수 있는 가능성을 지녔지만, 현 독립영화계는 정치적, 경제적, 이데올로기적 차원에서 상반된 견해만을 드러내고 있다. 그 결과 미학적·이념적 지향에 있어서는 어떤 공통점도 없이 공공성,

분열성, 아나키즘 등의 차원에서 개별적으로 다양화된 것이 사실이다.

필자 역시 한국독립영화의 미학적 목표는 바로 이효인이 진단한 공공성, 분열성, 아나키즘에서 찾을 수 있다고 본다. 이러한 말들이 '동어이의'로 필자의 해석과 다소 다를지 모르나, 그가 말하는 독립영화의 공공성을 영화예술의 매스커뮤니케이션으로서의 정당성으로 규정하고, 아나키즘은 무정부적 성격으로서 예술 활동에 간섭하는 모든 것으로부터의 해방을, 분열성은 창조의 다양성을 추구하는 개인화로 정의한다면, 비로소 한국독립영화는 독립영화의 본질을 실천하기 시작한 것이다.

그렇다면 우리가 분명히 해야 할 것은 영화예술로서 독립영화의 전문성과 개인적인 표현의 도구로서 아마추어영화 사이에 차별화를 어떻게 꾀할 것인가이다. 이 문제제기는 한국독립영화의 질을 격상시키고 그 미학적 목표를 성취하기 위해 반드시 필요하다.

오늘날 미학일반론은, 감성적 인식에 의하여 포착된 현상으로서의 미적 대상을 목표로 하는 근대미학에서 비롯되었다. 그리고 19세기 후반 이후의 미학 방향은 경험론을 강조한 미적탐구의 경향이 강화되었고 오늘에 이르러서는 사회학적 방법을 적용시키는 '사회학적 미학'이나 언어분석을 시도하는 '분석미학' 등 다양한 미학론이 연구·개척되고 있다. 이러한 미학적 현황에서 한국독립영화의 미학은 그 영화 자체만으로 논할 수는 없고 독립영화가 만들어진 사회 및 그 구성원인 우리의 정체성과 동시에 거론되어야 한다. 따라서 한국독립영화의 미학적 목표는 정체성을 추구하는 방향에 따라 결정될 것이다.

한국독립영화의 정체성

현 한국독립영화의 정체성의 방향은 세대에 따라 그리고 주관적, 객관적인 상황에 따라 달라지고 있다. 즉, 한국독립영화의 일관성 없는 방향 설정과 혼란은 독립영화에 대한 본질의 추구나 독자성과 정체성의 창출을 체계적으로 시도하지 못한 데에 기인하고 있다.

정체성이란 본래의 참모습, 즉 존재의 본질을 의미한다. 따라서 독립영화의 정체성 추구는 존재의 목적을 쟁취하는 행동이다. 총체예술의 형식은 변하지 않으나 그 스타일은 시대에 따라 변한다는 종합예술론(총체예술론)을 확립한 바그너의 예언에 비추어볼 때, 현 한국독립영화의 미학적 정체성은 스타일의 변화에 있어서 전통의 내재적 유산을 발전시켰다기보다 외래문화의 수용에 따랐다는 부정적인 측면이 확인된다. 한국문화의 전통은 저항적 현실을 담은 내용과 풍자적 상징성으로 널리 알려져 있다. 그러나 한국문화의 근대화는 서구문화에 일방적으로 함몰되어 전통의 본질은 사라져가고 서구의 아류문화를 좇아 변화하고 있다.

대표적인 민족영화로 널리 알려진 나운규의 「아리랑」은 내용 면에서 저항의식을 담고 있으며, 표현 면에서 몽타주기법으로 상징적 풍자를 보여주었다. 그러나 「아리랑」 이후 한국영화미학의 기조는 내용과 형식을 일치시키는 사실주의를 추구하였다. 한국의 전통예술에서 내용과 형식이 엇갈린 만남을 가질 수밖에 없었던 것은, 민중의 현실을 처절하게 느끼면서도 우회적으로 표출할 수밖에 없던 시대적 상황 하에서 발휘된 우리 조상의 지혜였다. 우리는 역사적으로 그리고 정서적으로 사실적인 내용을 우회적으로 표출하는 점잖은 문화를 갖고 있다. 그럼에도 근대문화의 수용에 따른 의식의 서구화로, 우리는 카메라가 갖는 유물론적 기능을 자연스럽게 받아들여 사실주의를 추구하여왔다. 역사적으로 척박하고 어두운 정치적 현실에 짓밟혀온 민중들은 반제국주의나 반독재를 주장하는 수단으로서, 현실을 극대화하는 유물론적 사실주의 영화를 요구하게 되었다. 여기서부터 한국영화미학의 정체성은 빗나가기 시작한 것이다.

결국 한국독립영화의 정체성은 상실된 우리의 전통적 문화정서를 어떻게 부활시키느냐에 달려 있다고 해도 과언이 아니다. 현 한국독립영화계는 다양하고 자유로운 생각을 가진 각 개인이 어떤 간섭도 받지 않고 독립영화의 무한한 미학적 성취를 꿈꿀 수 있는 시대를 맞이하였다. 하지만 한국영화의 미학적 전통과 정체성의 규범을 어떤 기준으로 제시하여야 하는가의 문제는 여전히 남아 있다. 제언하자면, 초창기 한국영화의 시작으로 돌아가 서구영화문화 수용과정을 거꾸로

고찰하고 반성하면서 잃어버렸거나 왜곡된 한국영화의 정체
성을 다시 점검하고 새롭게 회복하는 길이 대안으로 모색되
어야 한다.

한국 독립영화의 역할

　근자에 이르러 '영상'이라는 애매모호한 용어는 영화와의 차이성을 강조하는 관점에서 널리 사용되고 있다. 이는 필름에 새겨진 영상을 영사기를 통해서 스크린에서만 볼 수 있도록 하는 영화의 제한된 범주를 탈피하고자 더 넓은 의미의 영상이라는 새로운 용어가 대두된 것으로 보인다. 한 마디로 영상은 필름을 포함한 테이프, 디지털, 레이저광선 등 움직이는 화상을 창출하는 모든 미디어에 대한 공용어라 하겠다. 사실 우리 주변에서 흔히 만나는 비디오영상과 컴퓨터영상이 연출하는 CD롬은 필름보다 더 광범위하게 수용되고 있다. 이제 영상은 필름에 의한 아날로그적 이미지를 탈피하여 전자화된 디지털적 이미지를 획득하고 있다.

1990년대 이후 우리의 영상문화 수용방식도 적극적이고 다양하게 확대되고 있다. 영상문화의 창조에 동참하는 참여의식은 영상을 소비하는 데서 그치던 사람들을 영상의 창조자로 만들고 있다. 이 같은 현상은 앨빈 토플러의 경제용어인 생비자(생산자이자 소비자)의 출현을 현실화시킨다. 우리 주변에 범람하는 일상의 소비문화들이 생비자의 양태를 충족시키는 예는 많이 있다. 결혼식 장면뿐만 아니라 결혼식 전후에 걸쳐서 기억할 만한 추억의 장소를 비디오에 기록하는 것은 결혼풍속도로 자리 잡았다. 이 같은 현상은 텔레비전이나 영화에 출연하고 싶은 관객의 욕망을 직접 만족시켜주는 방법 중의 하나가 된다. 노래방은 가수가 되고자 하는 보통사람들의 꿈을 체험케 하는 시뮬레이션의 장이다. 이 밖에도 최근 범람하는 텔레비전의 인기 있는 프로그램들 중의 하나에서는 보통사람들이 일하는 일상의 모습을 담아내고 있다. 일반 서민들이 텔레비전에 생산자적(출연자) 입장에서 참여할 수 있도록 자연스럽게 유도하는 방식이 인기를 끌고 있다는 것이다.

　이제 영상문화 소비자들은 일방적인 소비자의 입장에서 벗어나 전문성은 부족하지만 영상을 창조하는 생산자로서 멀티미디어의 새로운 문화시대를 맞이하고 있다. 이미 전자게임처럼 소비자의 욕구에 충족시키는 대화형의 드라마가 등장하고 영화는 멀티미디어 PC로 사용자의 임의로 편집이 가능하게 되었다. 게다가 누구나 온갖 이미지가 저장되어 있는 자료창고를 이용하여 상상할 수 없을 정도로 무한한 영상물 제작이

가능한 시대에 우리는 살고 있다. 한 마디로 멀티미디어를 통한 문화예술의 소비는 창작자인 생산자의 체험에 버금가는 능동적인 것으로서, 영상문화의 창조적 주체성이 누구에게 있는가를 애매모호하게 만들어가고 있다.

세계문화사에서 16세기 르네상스 이후 근대화시기는 신 중심의 숭배문화에서 인간 중심의 휴머니즘으로 큰 전환이 일어난 시기이다. 당시 주도권을 잡았던 사람들이 생산한 문화의 이데올로기는 모더니즘의 등장으로 위협받았다. 모더니즘은 부르주아 중심의 이데올로기를 거부하고 조롱하며 파괴하였다. 그것은 문화의 개인주의이며 문화민주주의의 시작이었다. 포스트모더니즘에 이르러 모든 문화적 경계가 허물어지고 눈에 보이는 대로 수용하는 도구로서 디지털 영상의 등장은 가장 이상적인 모더니즘적 성취를 가능케 하였다. 이제 영상의 차용과 삭제 및 변용이 자유자재로 가능하기 때문에 특정한 주도권자가 이데올로기를 생산하거나 강요하는 행위는 더 이상 용납되지 않는다.

이 세상의 인류 모두가 이데올로기의 생산자와 수용자가 되는 디지털영상문화의 시대가 도래한 것이다. 이미 기계복제가 자유로운 시대에서 과거 예술매체가 생산되고 수용되었던 방식과는 전혀 다른 방식으로 텍스트들이 생산되고 수용되고 있다. 급변하는 영상문화환경에 대응하기 위해서는 영상에 대한 새로운 인식을 확립하고 여기에 걸맞는 영상정책도 수립해야 할 것이다. 포스트모던화하는 이 시대의 문화적 변화에 대해 단순히 현상을 점검하는 것보다 사회과학적인 폭넓은 이해가 요구된다. 혼란스럽게 엄습해오는 문화의 흐름을 공시적이고 통시적 관점에서 꿰뚫어봄으로써 문화수용자가 단순한 소비자가 아닌 참여자요 생산자로서 전환하는 과정을 명확히 검증할 수 있을 때, 영상혁명을 통한 민주주의적 영상문화시대의 도래가 앞당겨질 것이다.

이 시점에서 독립영화의 역할이 지향할 바는 많지만 가장 중요한 것은 영화 만들기의 정체성 지키기와 건전한 윤리의식의 고양이다. 현재 독립영화를 만드는 연령층은 주로 20대 전후반에서 30대 중반이다. 이들 세대는 우리 사회의 주역이며 주요 소비자인 동시에 한국 영화산업의 풍부한 예비인력이다. 이들이 만들어내는 다양한 영화들은 극히 개인적으로 보이지만 다른 시각에서 보면 사회문화적 동기가 있기도 하다. 그러나 이들은 어떤 권력도 심지어 자신조차도 믿지 않을 뿐 아니라, 근대적 의미의 희망이라든가 사회공동체적 질서 등을 지켜야 한다고도 생각하지 않는다.

그럼에도 불구하고 우리는 누구인가를 묻는 정체성 문제와 기타 윤리적 질문은 소홀히 여겨져서는 안 되고 여기에 충실히 답하는 독립영화인들의 자세는 반드시 요구되어야 한다. 예를 들어 보호되어야 할 개인의 권리를 위하여 때로는 영화제작을 포기할 수도 있어야 한다. 영화에 찍힌 사람들이 주위로부터 불리한 압박을 받아서는 안 된다는 것이다. 이런 문제점을 고려한다면, 특정한 장면의 녹화나 기록은 작업의 대상자들이 억압받는 사회적 분위기를 무시해서는 안 된다. 유감스럽게도 오늘의 젊은이들은 용기와 정의라는 대의명분으로 독립영화의 역할을 오도하여 독립영화 만들기의 윤리성을 쉽게 간과하고 있다. 그 결과 우리의 정체성마저 심각하게 흔들리고 있는 것이다.

특히 공동작업의 성공을 위해서 참여자들은 적절한 훈련과 경험을 쌓아야 한다. 영화촬영자는 현장에 참여하기 전에 실제상황과 비슷한 다양한 여건들 속에서 테스트촬영을 시도하여야 한다. 기자재의 사용법과 대상을 포착하는 기술을 익혀서 부딪히는 각각의 상황을 적절하게 대처할 수 있어야 한다. 아마추어적인 행동방식과 안이한 인식은 많은 문제를 일으킬 수밖에 없다. 공동작업은 공동규약을 정하여 프로젝트의 목표와 목적을 분명히 하여야 한다. 공동작업에 있어서 일어나는 여러 본질적인 문제점들은 참여자의 목표가 서로 극단적으로 다르거나 현장의 상황을 잘못 이해한 결과이다. 참여자의 습관과 성격의 차이로 인한 다양한 주장은 난감함 일을 초래하기도 한다. 이 모든 불협화음은 책임감 있는 윤리의식과 확고한 정체성으로 극복할 수 있음을 명심하여야 한다.

독립영화의 파급효과가 점점 커지고 있다는 것을 감안하면 독립영화는 공공성을 추구하여 관객들로부터 신뢰받는 매체로서 자리 잡아야 한다. 한국독립영화가 대학의 제도교육이 해내지 못했던 영화문화에 관련한 '교육의 장'을 스스로 성취하였다는 사실은 큰 의미를 지닌다. 뿐만 아니라 1990년대 중반 이후, 1980년대적 운동성과 1990년대식 상품성의 절묘한 타협까지 이루어내어 독립영화의 상품성에 대해 논의하는 입장을 구축하였다. 이점에 대해선 여러 가지로 논의의 방향이 있을 수 있지만 독립영화가 새로운 상품이 되고 있다는 점은 많은 가능성을 내포하고 있다. 이참에 대중과 폭넓게 만날 수 있는 시장성에 대해 생각해 보는 것도 긍정적이다. 그러나 독립영화의 상품성에 대한 접근은 단순한 대중성 확보의 차원보다는 제도적 통제로부터 벗어나는 민주적 사고를 함양하는 영상문화의 차원에서 이루어져야 할 것이다. 특히 인터넷의 경우, 대중적 상품성보다 건전한 개인의 의사를 자유롭게 소통하는 독립영화의 공공성에 더 비중을 두어야 한다.

무엇보다도 독립영화의 중요한 역할은 건전한 영화문화 확립을 위한 공공성의 체계적인 정립에 있다. 독립영화의 공공성이 신뢰받지 못하게 되면, 공공성을 통한 민주적 사고의 함양은 요원해지고 결국 걷잡을 수 없는 아나키즘으로 전락되고 말 것이다. 오늘날 그 현상은 이미 심각하게 부각되고 있어, 이 때문에 독립영화의 다양성을 추구하는 개인의 영화적 욕망이 무가치하게 전락될지도 모른다는 우려를 낳고 있다. 따라서 도덕 재무장을 추구하는 영상 윤리성의 강조와 서구영화의 아류로부터 벗어날 수 있는 정체성의 강조는 한국독립영화가 감당해야 할 역할 중 가장 중요한 것이다.

한국 독립영화의 진로

　다른 어떤 문화적 행위보다 영화문화의 사회적 파급효과는 무한하다. 이 시대에 영화문화의 건전성은 도덕적·윤리적 차원에서 그치는 것이 아니라, 민족문화의 정체성을 올바로 지키고 바른 민족주의 정신을 함양하는 첩경임을 잊지 말아야 할 것이다. 새로운 기록영화의 가능성을 보여준 멕시코의 「산체스 아이들」은 다큐멘터리를 서사적 작품으로 편집하여 민족지 극영화로 바꿔놓은 일례로서, 건전한 영화문화가 한 민족의 정체성을 어떻게 드러내주는가를 일깨워준 교범적인 영화이다.

　「산체스의 아이들」은 한 가족의 삶의 묘사를 통해 그들이 처한 사회적 환경과 그들의 의식주, 경제형태, 정치조직, 사회

조직은 물론, 종교 관념에서 예술, 신화, 구승문예, 그 밖의 문화적 특성까지 역사적·지리적으로 설명하고 있다. 특히 멕시코 사람들이 어떤 사고방식으로 어떻게 행동하며 어떤 생활체계를 가지고 있는가를 보여준다는 점에서 영화문화적인 교훈을 제공한다.

「산체스의 아이들」의 경우와 비교할 때 우리의 젊은이들이 월드컵 축제에서 보여준 승부욕에 불탄 '붉은 악마'의 메아리도 신중히 고려해볼 만한 문화적 현상이다. 언론은 물론 대통령까지도 붉은 악마의 응원 열기에 동참하였다는 사실은 자발적인 축제문화의 가능성을 보여주었다는 측면에서 바람직한 점도 있다고 하겠다. 그러나 '붉은 악마'의 지칭이나 신성한 우리 국가의 상징인 태극기를 몸에 함부로 휘둘러 장식하는 신세대의 행동방식은 기존의 민족적 정서를 뒤엎는 전복적인 문화적 행위였음을 간과할 수는 없다.

전복의 본질은 통제되는 무엇인가를 공격하고 아직은 존재하지도 않고 힘이 없는 어떤 것으로 대치되기를 바라는 욕망이다. 월드컵문화는 바로 그 욕망을 성취한 것이다. 그 욕망이 건전하고 일상적인 현상이었다면, 생산·소통·배급 방법의 대안이 없어 전복적인 메시지를 창조해도 대중에게 전달할 길이 없는 한국독립영화의 장애물 또한 당연히 그들의 열정적인 동참의식으로 제거되어야 할 것이다. 그러나 그들에게 전적으로 기대할 수 없는 까닭은 문화는 광기와 다르기 때문이다. 문화적 향유는 하루아침에 파시즘처럼 집단화되거나 강요를 받아서 이루어지는 게 아니며 결코 그렇게 되어서도 안 된다.

　한국의 독립영화는 제작 준비 단계부터 극장개봉이나 비디오 출시를 목표로 만들어지기보다는 영화제 등의 진출을 통한 배급이나 동호인의 시사회를 염두에 둔다. 그렇다고 독립영화의 대중화와 주류 시장 편입을 위해 장편영화 제작을 지향한다거나 유통단계의 활성화를 모색하는 현황 역시 신중히 생각해볼 일이다. 매우 한정적인 배급으로 공개될 수밖에 없었던 독립장편영화의 선도적인 작품인 「낮은 목소리」 시리즈와 대중적 성공을 이루어낸 「죽거나 혹은 나쁘거나」 그리고 디지털 장편영화 「대학로에서 매춘하다가 토막살해 당한 여고생 아직 대학로에 있다」 등이 독립영화의 일반영화관 상영의 가능성을 열어 놓았다는 사실은 고무적이지만, 이런 방식의 독립영화를 추구한다면 일반영화와의 차별점은 점점 없어지고 결국 독립영화의 존재 그 자체를 함몰시키는 결과를 초래하고 말 것이다.

　필름에 비해 제작비가 현저히 절감되는 디지털영화의 활성화는 현재 장편영화를 만들 수 있는 독립영화계의 여건적인 제 문제를 해결하는 데에 큰 가능성을 보장하고 있다. 그러나 독립영화의 활성화를 위한 정책이 확대되고 지원책이 많아지는 것과 비례해서 독립영화의 본질을 벗어나는 장편영화 제작에 집착한다면, 그래서 독립 장편영화의 대중적 파급효과에만 총력을 기울인다면, 독립영화의 존재가치는 사라질 것이다.

　최근 들어 영화진흥위원회의 한국영화 정책수립은 영화산

업 중심의 지원보다는 영화 인프라의 개선과 영화문화의 다양화·민주화를 위한 정책에 초점을 두고 있다. 2002년도에 발표된 영화진흥사업의 순수 제작지원금의 항목을 본다면, 상업영화 부문보다는 디지털 장편영화 배급지원, 독립영화와 독립애니메이션 제작지원, 학생영화 후반작업 지원 등으로 편재되어 있음을 알 수 있다. 독립영화에 대한 지원은 영화예술 창작의 저변 확대와 비상업적 예술의 장려 등 공공성에 기반하고 있다고 본다. 그러나 영화진흥위원회가 독립영화 진흥정책을 수립하는 데에 있어서 독립영화와 일반영화를 구별하는 기준이 애매하다는 점에서 언제든지 문제가 발생할 소지가 있다.

예술의 공공성에 기반한 정책은 예술창작자들을 지원함으로써 예술의 지속적인 창작과 개발을 보장하는 측면과, 예술 수용자들을 위한 프로그램을 개발함으로써 예술 인프라의 개선과 문화향유의 기회균등을 실현하는 측면으로 나눠서 생각하여야 한다. 영국의 경우, 1970년대를 전후하여 전자의 정책에서 후자의 정책으로 전환한 것은 끝이 보이지 않는 창작자들의 지원에서 수용자들의 가시적인 향유의 기회를 제공하는 방향으로 선회한 것이라 하겠다.

이제 한국독립영화계도 독립영화 제작 시스템과, 대중들에게 문화향유의 기회균등을 제공하는 인프라 구축에 관심을 기울일 때가 되었다. 우선적으로 독립영화 재생산 시스템의 가능성을 구축할 대안으로 미디어센터, 대학영화, 영화동호회의 활성화 등을 중심으로 한 타 매체와의 연합전선(공연예술 등

제 예술과 인터넷 등 정보화 조직 시스템)을 구체적으로 타진하여야 할 것이다. 무엇보다도 지방자치제도를 활용해서 문화향유의 기회균등을 모든 국민이 누릴 수 있도록 모색하는 것이 급하다. 전국적으로 극장문화의 혜택을 받는 국민은 우리가 생각하는 것보다 훨씬 적다. 다시 말해서 극장이 없는 읍, 면, 군 단위의 농어촌 지역이 상상 외로 넓다는 것이다. 독립영화만이라도 지역별 차등화를 극복하고 각 지역에 우선적으로 독립영화 전용관의 설립을 추진하여 전국적인 독립영화 네트워크를 구축하여야 한다.

정치인이나 경제인의 독립영화에 대한 인식의 전환도 요구된다. 21세기 지식기반 사회에서 IT강국인 한국은 문화와 정치, 경제가 밀접한 관계를 유지하여야만 사회발전과 국민경제의 전망이 밝아질 수 있기 때문이다. 1998년 출범한 김대중 정부는 문화산업을 국가기간산업으로 확정한다는 의지를 일찍이 표명하였다. 이제 남은 과제는 문화적 재화와 예술시장의 경제를 분석하고 예술의 공공정책 등을 논의하여 문화활동과 관련된 비영리 조직을 지원하는 것은 사회적 공헌이 아닌 사회적 투자라는 것을 인식시키는 일이다. 특히 독립영화는 영리조직으로는 발전이 불가능하며 비영리조직으로 보조금의 공적 지원 속에서 발전의 길을 모색할 수밖에 없다. 비영리조직을 이끌어 가는 태도에도 새로운 변화가 필요하다. 단체는 개개인이 소질을 십분 발휘하며 한 사람의 완전한 시민으로서 성숙할 수 있도록 도와주어야 한다. 이를 위해서는 문화예술에 대한 사회적 지원의 논거와 방법연구가 문화정책의 대안으로서 제시되어야 한다.

결국 한국독립영화는 내부로부터의 혁명이 우선 성취되었을 때, 하부구조의 건실함이 보장되고 그 기반 위에서 독자적인 한국영화의 미학과 정체성을 단계적으로 확립해 나아갈 수 있다. 막연히 독립영화의 활성화를 위한 대안으로서 진보적인 영화(내용적, 미학적)를 추구하거나 무조건적인 영화지원책을 강요하는 것은 현 한국독립영화의 자생력을 약화시킬 뿐이다. 그 결과 한국의 독립영화가 본질적인 미학과 정체성 추구에서 벗어나 파행의 길을 걷게 되는 시행착오는 결코 막아야 할 것이다.

한국독립영화

펴낸날	초판 1쇄 2005년 3월 10일
	초판 2쇄 2012년 2월 27일

지은이	김수남
펴낸이	심만수
펴낸곳	(주)살림출판사
출판등록	1989년 11월 1일 제9-210호

경기도 파주시 문발동 522-1
전화 031)955-1350   팩스 031)955-1355
기획·편집 031)955-4662
http://www.sallimbooks.com
book@sallimbooks.com

ISBN 978-89-522-0346-5   04080